INHALTSVERZEICHNIS

IN 30 TAGEN ZUM TRAUMPAAR

EINFÜHRUNG: WARUM SIE DIESES BUCH BRAUCHEN 6 ☑

LEKTION 1

Tag 1–3: Gemeinsames Auftreten

Mit dem richtigen Outfit gemeinsam Style gehen 10 ☐

Liebe – not for everybody 16 ☐

LEKTION 2

Tag 4–9: Kommunikation

Einführung in die interne Kommunikation 26 ☐

Die Kunst des geschickten Aneinander-Vorbeiredens 29 ☐

Beziehungsgrammatik für Fortgeschrittene 33 ☐

Der Bullshit-Faktor 38 ☐

Spitz(en)namen für Herren und Damen 40 ☐

Externe Kommunikation 43 ☐

LEKTION 3

Tag 10–12: Körperlichkeit

Einführung (hihihi) ins körperliche Miteinander 48 ☐

Sex Richtige! 53 ☐

Wie viel Pflege darf's denn sein? 62 ☐

Die x- und y-Achse des körperlichen Miteinanders 64 ☐

LEKTION 4

Tag 13 & 14: Socialising

Wir sind der geilste Club der Welt! 70 ☐

Zehn Regeln für den erträglichen Pärchenabend 76 ☐

LEKTION 5

Tag 15–17: Gemeinsame Aktivitäten

Einführung in die gemeinsamen Unternehmungen 86 ☐

FUNdamentales zur gegenseitigen Bespaßung 90 ☐

Wenn einer eine Reise tut, muss ihn das nicht quälen 102 ☐

LEKTION 6

Tag 18–20: Zweisam einsame Spitze!

Wer sind wir? Und wenn ja, wie viele? 106 ☐

Macht ihr das mal schöööön alleine! 112 ☐

Ich muss leider draußen bleiben 115 ☐

LEKTION 7

Tag 21 & 22: Konfliktbewältigung

Kräftig zoffen – das lässt hoffen! 118 ☐

Das WWW des hitzigen Miteinanders 126 ☐

LEKTION 8

Tag 23–26: Nestbau

Zwei sind einer zu wenig 130 ☐

Trautes Heim – Glück zu zweien 131 ☐

Glücklich und froh im Streichelzoo 135 ☐

Eltern werden – Traumpaar bleiben 141 ☐

LEKTION 9

Tag 27 & 28: Gemeinsam gesund bleiben

Lebendig lebt sich's schöner 148 ☐

Doktorspiele für Fortgeschrittene 153 ☐

W0341928

LEKTION 10

Ab Tag 29: Gemeinsam altern

Ich lieb dich, Alter!	162	☐
Dem Alter in die Falte getappt	171	☐

EINFÜHRUNG

WARUM SIE DIESES BUCH BRAUCHEN

Liebe Leser/innen,

zuallererst wollen wir Ihnen natürlich zum Kauf dieses einmaligen Buches gratulieren. Es wird ganz sicher Ihr Leben verändern. Zum Besseren. Wenn nicht, sind Sie selbst schuld. Sorry, aber is so.

Den Titel dieses Buches kann man natürlich wörtlich nehmen, muss man aber nicht. Begreifen Sie den Schmöker als Leitfaden, um Ihre Beziehung innerhalb von 30 Tagen in die richtigen Bahnen zu lenken. Dabei ist es völlig unerheblich, ob Sie erst seit heute eine Beziehung führen oder ob Sie mit Ihrer Beziehung in einer Sackgasse stecken und Sie als Paar noch mal bei null anfangen wollen. Dieses Buch ist Ihre Chance, in 30 Schritten zur gemeinsamen Perfektion zu gelangen.

Hier finden Sie kleine Tests, Wegweiser, gut gemeinte Ratschläge, realitätsnahe Beispiele und unbequeme Wahrheiten. Dieses Buch komprimiert langlebigste Beziehungen auf die Essenz von 30 Tagen – abgesehen davon, wären Ihnen wohl auch circa 23.956 Seiten zu viel gewesen, oder? Nichtsdestotrotz finden Sie hier eine liebevolle Abbildung all dessen, was einen Beziehungsalltag schwierig gestaltet, aber auch mit Leben erfüllen kann. In zehn Lektionen beziehungsweise zehn Kapiteln zeigen wir Ihnen zentrale Elemente einer Partnerschaft. Alltägliche Fal-

len, Schwierigkeiten, Kernproblematiken – nichts sparen wir aus. Die Wichtigkeit des gelungenen gemeinsamen Auftritts, inklusive modischer Feinabstimmungen und kongruenter Physiognomie, werden hier genauso detailliert betrachtet wie die Fallstricke intergeschlechtlicher Kommunikation. Das große Schweigen? Gehört der Vergangenheit an – wenn Sie dieses Buch aufmerksam durcharbeiten. Den „versteckten femininen Imperativ" erläutern wir ebenso wie den „Bullshit-Faktor". Wir beschreiben anschaulich, warum Männer Spitznamen wie „Prinzessin Lillifee" genauso wenig schätzen wie Frauen eine Körperhygiene, die entfernt an Öff Öff den Waldmenschen erinnert. Ja natürlich, auch DAS wird erwähnt.

Bereits nach wenigen Tagen werden Sie, die richtige Anwendung vorausgesetzt, als Paar eine derartige Verschweißung erleben, als hätte man Sie vakuumverpackt. Das liegt zum einen daran, dass wir Sie an jedem einzelnen Tag mit wichtigen Informationen versorgen, sie aber andererseits in solch homöopathischen Dosen verabreichen, dass eine Überforderung ausgeschlossen sein dürfte. Es sei denn natürlich, Sie haben sonst noch nie etwas gelesen – außer SMS vielleicht.

In diesem Ratgeber erfahren Sie, was sich hinter dem „geilsten Club der Welt" verbirgt, und lernen unter anderem zehn goldene Regeln für einen gelungenen Pärchenabend. Als ob das möglich wäre. Doch, hier gibt's das! Genauso wie Sie eine detaillierte Anleitung zum Glücklichsein trotz Erstkontakt mit den Schwiegereltern bekommen und einen umfangreichen Katalog zur (gemeinsamen) Freizeitgestaltung. Bei richtiger Handhabe des Buches wird man Sie bereits nach Kapitel 6 nur noch chirurgisch trennen können!

Freuen Sie sich auf hilfreiche Tipps zur Konfliktbewältigung inner- und außerhalb des eigenen Heims und lassen Sie sich von uns in aller Vernunft auf eine gemeinsame Familienplanung vorbereiten. Mit diesem Buch ist Ihnen ein gemeinsames Familienglück nahezu garantiert. Hier wird ein sanfter Einstieg in die glückliche Dreisamkeit gewährt, wir bieten Einblick in den Kosmos möglicher Trainingsobjekte und helfen dabei, kapitale Fehler in der Frühphase einer Elternschaft zu vermeiden.

Gründen Sie unbedingt eine Familie

Dieses Buch ist außerdem fast schon lebensrettend! Na ja, zumindest schafft es Einblicke in die Basis medizinischen Fachwissens und bildet eine echte Stütze in Fachfragen der gemeinsamen Gesundheit. Dieser Crashkurs gibt Ihnen die Chance, aus dem in 30 Tagen erlernten Glück eine 50 Jahre gelebte Traumpartnerschaft zu machen. Was könnte schöner sein?

Übrigens: Falls es Ihnen aufstößt, dass auch die Frau in diesem Buch gelegentlich als „der Partner" bezeichnet wird: Sehen Sie diese Formulierung als Beweis für die geschlechtsneutrale Bedeutung und Ausrichtung dieses Buches – hier werden Mann und Frau gleichermaßen angesprochen.

Also denn … drücken Sie ein Auge zu und gehen Sie mit Freude und Elan ans Werk. Viel Spaß!

Ihre – allesamt glücklich verheiratete – Redaktion

GEMEINSAMES AUFTRETEN

TAG 1–3

TAG 1: MIT DEM RICHTIGEN OUTFIT GEMEINSAM STYLE GEHEN

So. Irgendwo müssen wir ja anfangen. Und nackt sollten Sie an Ihrem ersten gemeinsamen Tag als Traumpaar auf keinen Fall losziehen. Deshalb hier ein paar textile Basics: Beim gemeinsamen Auftreten als Paar gibt es viele Dinge, die heutzutage noch immer falsch gemacht werden. Natürlich ist es nicht zu leugnen, dass Männer und Frauen verschieden sind – aber das muss man Ihnen ja zumindest nicht ansehen, oder? Zu häufig kommt es vor, dass Paare bei gesellschaftlichen Anlässen die Gelegenheit verpassen, ihre Einheit auch durch die Kleiderwahl zur Schau zu stellen. Da kommt der Mann in Jeans und dunkelblauem Sakko, während seine Frau im lachsfarbenen Kleid ihm überhaupt nicht mehr zuzuordnen ist. Traurig. Wirklich sehr, sehr traurig.

Dabei könnte es doch so einfach sein: Unzählige Kaffeeröststationen führen umfangreiche Produktpaletten, mit denen Paare das gemeinsame Glück wirkungsvoll dokumentieren können. Checken Sie gleich auf der nun folgenden Seite elf, ob sich möglicherweise ein paar dieser lebensnotwendigen Produkte bereits in Ihrem Haushalt befinden. Wenn ja – umso besser! Ziehen Sie sie gleich an, über oder auf und demonstrieren Sie partnerschaftliche Geschlossenheit!

Mit den Partner-Bärentatzen-Hausschuhen zum gemeinsamen Glück!

Checkliste ☑

Partner-Übergangsjacken	☐
Partner-Bärentatzen-Hausschuhe	☐
Partner-Fahrradhelme	☐
Partner-Trekking-Rucksäcke	☐
Partner-Kälteschutzkragen	☐
Partner-Funktions-Thermoshirts	☐
Partner-Joggingpants	☐
Partner-Cityhemden (auch auf dem Land tragbar)	☐
Partner-Brillen	☐
Partner-Handyhüllen	☐

Sie sehen bereits jetzt: Es gibt eine bunte Vielfalt an hilfreichen Textilien und Ähnlichem, die Ihrem gemeinsamen Auftritt den nötigen Pep verleihen. Zweifellos haben auch Sie bereits des öfteren neidvoll auf jene Paare geblickt, die mit einem Eis im Hörnchen und einer unübersehbaren Grundzufriedenheit durch den lokalen Biergarten lustwandelten. Egal, ob in Partner-Übergangsjacke oder mit gleichfarbigem Fahrradhelm – jeder, der sie sah, dachte sofort: „Ah, die beiden gehören wohl zusammen." Und so war es ja auch.

Übrigens, selbst wenn es schwerfällt: Im Sinne der guten Sache müssen Sie bereit sein, bei Temperaturen von 30 Grad Celsius der Sonne zu trotzen und den Fahrradhelm aufzubehalten. Selbst dann, wenn Sie bereits vor vier Stunden vom Rad abgestiegen sind – um der Zuordnung willen. Und wenn es nur darum geht, dass der Mann, durch den Genuss von 21 bis 23 Hefeweizen völlig der Orientierung beraubt, von Fremden jederzeit zurück zu seiner Partnerin gebracht

werden kann. Wäre das ohne den magentafarbenen Helm ebenfalls möglich gewesen? Sehen Sie …
Wer es ein bisschen weniger marktschreierisch schätzt, dem seien Partner-Brillen empfohlen. Gerade die Modelle aus Horn bieten einen schlichten, aber eindeutigen Rahmen (super Wortspiel, oder?) für gelebten Zusammenhalt. Zumindest, bis sich einer von Ihnen die Augen lasern lässt. Was wir aber noch mal überdenken würden, wenn wir beispielsweise in Castrop-Rauxel, Wolfsburg oder Dessau wohnen würden.

In Sachen Abendgarderobe gibt es, wie oben bereits erwähnt, etliche Fallstricke. Diese aufzuzeigen und zu bekämpfen ist unser und ganz sicher auch Ihr Anspruch. Zur Perfektion zu reifen braucht Zeit. In der Frühphase der modischen Umgewöhnung sollten Sie vielleicht auf Nummer sicher gehen und jedwede Fehlerquelle vermeiden:

Trägt *sie ein schwarzes Kleid – trägt er einen schwarzen Anzug.*
Trägt *er einen blauen Anzug – trägt sie ein gleichfarbiges Kleid.*
Trägt *sie eine rosafarbene Tunika – trägt er … ihr gute Gründe vor, sich für etwas Dezenteres zu entscheiden.*

Übrigens ist es ein ungeschriebenes Gesetz (zumindest bis gerade eben ungeschrieben), dass der Mann sich nach der Garderobe der Frau zu richten hat. Dass das rein praktische Gründe hat, wird jeder verstehen, der mal die Grundflächen ihres Kleiderschranks mit seinem verglichen hat.
Fortgeschrittene entscheiden sich für dezente Hinweise auf das Outfit des Partners. So darf jeder für sich gerne einen eigenen Look wählen. Um aber die Zusammengehörigkeit zu betonen,

wiederholt man in beiden Garderoben geschickt farbliche Elemente, was in der Praxis bedeuten kann: Sie trägt ein violettes Kleid mit weißen Schuhen – er betont die Partnerschaft mit einer dezenten violetten Krawatte. Natürlich kann der Mann auch ihrem Paillettenkleid eine modische Referenz erweisen – zumindest, wenn er kein Problem damit hat, wegen der Pailletten-Applikationen auf seinem Hemd für eine lokale Schlagergröße gehalten zu werden. Machen wir einen kurzen Test.

DER TEST

1. SIE trägt eine graue Tunika.
ER ________ ________ ________ ________.

2. SIE trägt ein cremefarbenes Kleid.
ER ________ ________ ________ ________.

3. SIE trägt ein schwarzes Kleid mit apricotfarbenen Schuhen.
ER ________ ________ ________ ________ ________ ________.

4. SIE trägt einen gelb-lila gestreiften Minirock mit knallroten Pumps und Strassbesatz.
ER ________ ________ ________ ________ ________ ________
________ ________ ________ ________ ________ ________.

AUFLÖSUNG

1. trägt einen grauen Anzug // 2. trägt ein cremefarbenes Sakko // 3. trägt das passende Accessoire in Apricot (Nein, kein Haarreifen! Krawatte passt besser.) // 4. täuscht eine Krankheit vor und lässt sie alleine auf die Party gehen

Und? War doch eigentlich ganz einfach, oder? Falls Sie nach wie vor Probleme bei der gemeinsamen Garderobenwahl haben, studieren Sie einfach intensiv die Auftritte diverser Protagonisten in einschlägigen Musiksendungen. Gesangsduos wie „Ernst und Inge", „Lou und Gundis" oder „Margot und Maximilian" haben den textilen Konsens derart verinnerlicht, dass man schon fast von einer Partner-Uniform sprechen möchte. Wirklich mehr als vorbildlich!

Wie eingangs schon angedeutet, gibt es eine breite Palette von Sportfunktionskleidung, die die gemeinsame Identität wirkungsvoll hervorhebt. Partner-Thermokleidung ist im Grunde für alle von Nutzen. Außer für Singles vielleicht. Die fühlen sich davon verständlicherweise eher unter Druck gesetzt. Doch gemeinsam getragen, kann diese Wäsche nicht nur sehr gut Schweiß absorbieren, die Temperatur regulieren, das Wetter beeinflussen und bei den Hausaufgaben helfen, nein, sie weist Sie höchst effektiv als dynamisches Power-Pärchen aus.

In all der textilen Euphorie sollten Sie allerdings nicht vergessen, dass nur eine dementsprechende Figur diesen Eindruck unterstreicht. Wenn beide Partner auf den Body-Mass-Index einer Butterbrezel zusteuern, ist das sicherlich schon schlimm genug. Noch fataler allerdings, wenn dies nur einen Partner betrifft. Diese optische Unwucht ist natürlich absolut nicht hinnehmbar. Zumal obendrein aufgrund der unterschiedlichen Konditionsstadien der angepeilte Gleichschritt nie erreicht wird. Und Sie wollen doch sicher nicht, dass die Passanten an der Joggingstrecke von der sichtbaren Distanz zwischen Ihnen auf eine innere schließen, oder? Mal ganz davon abgesehen, dass es kaum erstrebenswert ist, wenn andere annehmen, hier wird gerade ein Laufsportfreund von einem Mastino in Spandex verfolgt. Am Ende müssen Sie Ihren Partner noch aus dem Tierasyl auslösen.

Haben Sie Lust, das Gelernte noch einmal kurz spielerisch abzuklopfen? Na, dann los.

STYLE-CHECK

Heute war ein schöner Tag. Nachdem wir unsere ____________ __________ ______________ gegen rote _______________-__________________ getauscht hatten, machten wir uns mit __________ __________________ ________________ auf in Richtung Eisdiele. Wir waren zwar noch ein bisschen platt, aber glücklich.
Vor allem, weil wir ja noch einen wunderbaren Abend beim Presseball in (jaja, tragen Sie ruhig eine größere Stadt ein) ___________ vor uns hatten. Er trug ein __________________ _______ und ich _______ __________________ _________.

Tja, was soll ich sagen … als sich herausstellte, dass wir gar nicht eingeladen waren, konnte schon niemand mehr auf uns verzichten, weil wir mit unserem Glanz die ganze Veranstaltung gerettet haben.

AUFLÖSUNG

verschiedenfarbigen Strickjacken // Partner-Übergangsjacken // unseren gleichfarbigen Fahrradhelmen // Monaco // türkisfarbenes Sakko // einen türkisfarbenen Rock

So. Und jetzt verarbeiten Sie das Ganze einmal in Ruhe. Morgen geht's weiter.

TAG 2&3: LIEBE – NOT FOR EVERYBODY

Schön, dass wir das mit der Kleidung klären konnten. Trotzdem ist es nicht ganz unwichtig, WER darin steckt. Die Wahl des richtigen Partners ist auch eine Frage der figürlichen Kongruenz.

AUF DIE LÄNGE KOMMT ES AN

Eine zu große Diskrepanz zwischen zwei Partnern sorgt stets für Befremden, ja führt sogar zu Spötteleien. Wenn er kaum größer ist als eine Parkuhr, sollte sie sich nach Möglichkeit in ähnlichen Gefilden bewegen. Genauso sollte sie nicht aussehen wie Godzillas große Schwester, wenn er mit Hängen und Würgen gerade einmal das europäische Normalmaß schrammt. Beobachter werden viel in das visuelle Ungleichgewicht hineininterpretieren.

Bedenken Sie stets: *Die körperliche Diskrepanz verrät intimen Affentanz!*

Der langen Rede kurzer Sinn: Jetzt ist das Kind nun mal in den Brunnen gefallen, Sie sind zusammen, also machen Sie das Beste daraus!

Natürlich ist es einfacher für den weiblichen Part der Beziehung, sich ein wenig zu „verlängern“: Stöckelschuhe, High Heels, Plateausohlen, Pumps – all das hilft ihr, um sich in jeglicher Art und Weise mit ihm auf Augenhöhe zu begeben. Er hat es da schon bedeutend schwerer. 20 Zentimeter Größenunterschied ausgleichen? (Jaja, jetzt merkt er erst mal, wie lang 20 Zentimeter wirklich sind!) Nicht ganz so einfach. Zuallererst wäre es sicherlich ganz nett von ihr, in seiner Gegenwart auf eben jene Pumps zu verzichten und auf flache Schuhe wie zum Beispiel Ballerinas zurückzugreifen. Damit ist natürlich die Strecke noch nicht überwunden. Ein paar Zentimeter kann auch durchaus er mit hohen Absätzen wettmachen. Eigentlich unnötig, es noch zu erwähnen, aber mit „ein paar Zentimeter" sind dezente zwei bis vier Zentimeter gemeint. Bitte provozieren Sie bei den Anwesenden nicht die Frage, wer von Ihnen beiden wohl die Dragqueen sein mag.

Auf die richtige Größe kommt es an

Sollten Sie zusammen jetzt immer noch aussehen wie die ältesten Absolventen der letzten Mutter-Kind-Kur, hilft nur noch ein gewisses Quäntchen Abstand. Soll heißen: *Nebeneinander* wird man Sie beide so bald nicht mehr sehen, denn er wird sich nur noch nach vorne oder hinten versetzt von ihr bewegen. Zum Beispiel beim Betreten der Location. Zumal man es ihm als gute Manieren anrechnen wird, den Raum nach ihr zu betreten.

Ach, und falls Sie nichts davon so richtig hinbekommen: Bewegen Sie sich nur noch in Kreisen, in denen Sie niemand kennt – mit ein bisschen Glück wird man Sie für den französischen Premier und seine Gattin halten. Sie können doch sicher Französisch, oder? Nein? Ach, machen Sie sich mal keine Sorgen … die bestimmt auch nicht.

Nur, damit wir uns hier nicht völlig missverstehen: Es ist nicht zu tolerieren, wenn die Frau den Mann überragt. Da müssen Sie ganz klar Abhilfe schaffen (wie, haben Sie ja gerade gelesen). Sollte es umgekehrt sein, ist das natürlich ganz okay. So kann er seine Beschützerrolle voll und ganz ausfüllen. Sie werden verstehen, warum das umgekehrt nicht funktioniert.

Merken Sie sich folgende Wahrnehmungsstufen bezüglich des Größenunterschieds zwischen ihm und ihr.

GULLIVERS LISTE

★★★ **1–5 Zentimeter:** stattlicher Kerl

★★★ **6–10 Zentimeter:** offensichtlich Profisportler

★★★ **11–20 Zentimeter:** bezahlter Beschützer

★★★ **21–30 Zentimeter:** „Wie zur Hölle machen die …?“

★★★ **31–40 Zentimeter:** augenscheinlich beim Wanderzirkus ausgelöst

★★★ **41–50 Zentimeter:** In ein paar Stunden klettert er mit ihr in der Hand einen Wolkenkratzer hoch.

KÖRPER-TÜV

Gut, das mit der Körperlänge und in welche Textilien man sie in etwa hüllen sollte, das hätten wir ja nun. Das entbindet Sie aber nicht von ein paar sehr wesentlichen Dingen. Oder haben Sie etwa gedacht, dass ein paar schicke Klamotten über

Ihren verheerenden Pflegezustand hinwegtäuschen können? Ja? Dann werden Sie demnächst eines Besseren belehrt, wenn auch sonst so bücklingsgleiche Verkäufer Sie mit Spott und Hohn überziehen:

„Ich hätte gerne einen Anzug."
„Aha, welche Farbe denn?"
„Och, so ein kräftiges Braun wäre schön."
„So wie die Zähne – oder heller?"

Dieses kleine, verletzende Beispiel muss natürlich nicht genau so passieren. Kann aber. Was hier zum Ausdruck gebracht werden soll, ist ganz einfach: Sich gemeinsam in einem guten körperlichen Zustand zu halten ist für Sie als künftiges Traumpaar eine stetige Aufgabe. Da sollten Sie nicht schludern. Weder er noch sie und schon gar nicht beide gleichzeitig.
Stellen Sie sich vor, Sie erscheinen geschniegelt und gebügelt auf einer Party und die Anwesenden fragen sich ernsthaft, welchen Primaten Sie da notdürftig rasiert und in Baumwolle gepackt haben.

Ihr Ziel sollte es stets sein, wie ein Paar aus dem Katalog zu wirken – und nicht wie aus dem Naturkundemuseum. Nachlässigkeit in puncto Körperpflege kann nicht nur bei anderen für Befremden sorgen, sondern auch beim Partner. Mag ja gerade noch sein, dass Sie es durchaus nicht unspannend finden, wenn Sie beide riechen, als hätten Sie sich morgens mit Limburger eingerieben. Andere Paare werden Sie so ganz

sicher nicht als Traumpaar wahrnehmen. Gilt diese Nachlässigkeit nur für einen Partner, werden die Folgen verheerend sein. So oder so: Die ganze Sache stinkt. Im wahrsten Sinne des Wortes. Erwarten Sie bitte nicht, in diesem Buch mit dem kompletten Spektrum menschlicher Hygiene konfrontiert zu werden. Wie bitte? Nein, „Hygiene" ist kein gefräßiges Tier.
Klopfen wir doch ganz kurz einmal den aktuellen Pflegezustand Ihres Gegenübers ab. Tragen Sie in der Spalte rechts einfach eine Ziffer von 1 bis 9 ein. Wobei 1 für „überhaupt nicht zutreffend" und 9 für „Verdammt, ja! Genau so isses!" steht.

Hygiene-Check	☑
Ich wollte gerade zu der tollen Gelfrisur gratulieren – leider benutzt er/sie gar keines.	☐
Bei dem fisseligen Haupthaar ohnehin Quatsch, das mit der Frisur.	☐
So wie es in der Armbeuge riecht, könnte man in seiner/ihrer Armbeuge Filme entwickeln.	☐
Epilation: für ihn/sie so eine Art krampfartige Zuckung.	☐
Der Bauchnabel: Keine Plantage fasst so viel Baumwolle.	☐
Ich hege den starken Verdacht, dass sich hier zur Mundflora langsam auch noch eine Fauna gesellt.	☐
Ich habe nachts manchmal Angst, dass seine/ihre Nasenhaare nach mir greifen.	☐
Das Hautbild ist wirklich schön – für einen Leguan.	☐
Diese … äh … „Fingernägel" … sind die schon ab Fabrik schwarz?	☐
Die Zehennägel erinnern stark an die Krallen eines Archaeopterix.	☐
Was zum Geier ist ein Archaeopterix?	☐

Machen wir's kurz: Sollten Sie bei diesem kleinen Check fast überall ein Häkchen gesetzt haben: huiuiuiuiui. Da scheint reichlich gegenseitige Sensibilisierung vonnöten, um diese katastrophalen Zustände zu beheben.

Um diesem Buch den größtmöglichen Wert zu verleihen, werden wir Sie in solchen Fragen natürlich nicht hängen lassen. Bitte aber verstehen Sie, dass wir nur punktuell Tipps geben können – ansonsten wird das Ding hier so dick wie der „Urfaust“ (den kennen Sie sicherlich von der Inszenierung im Privatfernsehen).

Nur in gepflegtem Zustand sind Sie ein Traumpaar

KLEINES PFLEGE-ABC

A wie Akne

Sollten Sie bei Ihrem Beziehungsgegenüber ein Hautbild bemerken, bei dem man weniger mit Puder, mehr mit Moltofill anrücken will, vergewissern Sie sich zuerst, ob es erblich bedingt ist. Wenn schon seine/ihre Verwandten ausgesehen haben wie die Fürsten von St. Pustel, konsultieren Sie einen Dermatologen. Tritt das Problem ganz frisch auf, überprüfen Sie die Essgewohnheiten und steigen Sie auf fettreduzierte Lebensmittel um.

Davon ab: Wollten Sie nicht ohnehin in besseren Restaurants (positiv) in Erscheinung treten?

D wie Deckhaar

Die Frisur ist die Ziellinie eines jeden gelungenen Auftritts. Was Sie mit Textilien aufgebaut haben, hat so manches Deckhaar wieder eingerissen. Deshalb: Kontrollieren Sie sich gegenseitig, ob Sie beide das Bestmögliche herausgeholt haben. Soll heißen: Er sollte das kümmerliche Resthaar niemals so frisieren, dass sein Frisurfragment beim erstbesten Windstoß mahnend hochklappt wie der Deckel einer frisch geöffneten Konservendose. Sie wiederum sollte unbedingt davon abgehalten werden, sich styletechnisch so zu positionieren, als ob sie im Alleingang für das Ozonloch über Grönland verantwortlich sei. Es sei denn, sie ist Star ihres ganz eigenen Musicals „Ein Traum wird Haar"!

M wie Mund

Der Mund ist, was durchaus von Vorteil ist, für gewöhnlich zur Nahrungsaufnahme da. Ach ja – und zum Atmen. Bis hierhin ist noch alles in Ordnung. Nur sind Sie ja nicht alleine. Sollten Sie also daran interessiert sein, dass sich an diesem Zustand langfristig nichts ändert, sollten Sie dringend dafür sorgen, dass Nahrungsaufnahme und Atmen nicht eine verhängnisvolle Melange eingehen. Einfach ausgedrückt: Kontrollieren Sie sich gegenseitig, ob Sie auch täglich morgens, mittags und abends die Zähne putzen. Das wird in Singlehaushalten gerne dann und wann mal vergessen und führt dazu, dass so manche Tapete mit den Zähnen des Wohnungsbesitzers um die Wette gilbt. Das können Sie sich gegenseitig locker ersparen.

N wie Nägel

Früher … also, vor echt ziemlich langer Zeit, waren auch wir auf unsere Krallen angewiesen. Als Kletterwerkzeuge, Greifwerkzeuge oder schlicht, um Rinde vom Baum zu prockeln und besser Ameisen lutschen zu können. Das war allerdings ungefähr ein paar Tage, nachdem wir aus dem Meer geklettert waren, um zu gucken, wann das Public Viewing anfängt. Kurz: Sofern Sie beide sich nicht auf der anderen Seite des Zoogeheges befinden, sollten Sie Ihre Nägel auf ein anständiges, zivilisiertes Maß herunterschneiden.

Bitte nehmen Sie auch hier aufeinander Rücksicht und vermeiden Sie den Nagelclip-Prozess beim/bei der:

Frühstück, Brunch, Mittagessen, Fünf-Uhr-Tee, Aperitif, Dinner, Konfirmation, Taufe, Geburtstagsbüfett, Cocktailparty, Stehempfang, Bundeskanzlerfest, Kinopremiere …

Ohnehin sollten Sie darauf achten, dass niemand beim Nägelschneiden (schon gar nicht Ihr geliebter Traumpartner) in der Nähe ist, da so manches frisch geclippte Hornprojektil zur tödlichen Waffe werden kann. So, und wo wir das gerade haben: Säubern dann und wann ist ebenfalls durchaus vorteilhaft.

R wie Resthaar

Zugegebenermaßen eine Männerdomäne, diese ungerechte Umverteilung von schwindendem Deckhaar und großzügig woanders sprießendem Nasen- oder Ohrenhaar. Ebenso wie die Frau erwarten kann, dass der Mann sie freundlich, aber bestimmt darauf hinweist, dass ihre Beinbehaarung bedenklich Richtung Kreisligafußballer tendiert, kann der Mann auf die Supervision von ihr setzen. Klar, natürlich ist es nicht

Vernachlässigen Sie keinesfalls die Körperhygiene

schön, seinen ersten Nasenhaarschneider geschenkt zu bekommen, aber wenn man aussieht wie eine Mischung aus Dr. Fu Man Chu und Machete, wird es Zeit zu handeln. UND (!): Man kann einen Nasenhaarschneider auch gut bei diesen Fellpuscheln einsetzen, wo früher mal seine Ohren waren. Ist das nicht toll?

KOMMUNIKATION

TAG 4–9

TAG 4:

EINFÜHRUNG IN DIE INTERNE KOMMUNIKATION

Um als Traumpaar möglichst holperfrei zu kommunizieren, muss man zunächst wissen, dass die Verständigungsgrundlage zwischen Männern und Frauen streng genommen gar keine ist. Das ist natürlich genetisch bedingt und liegt in frühester Vergangenheit begründet.

Auf der Jagd mussten sich Männer untereinander entweder völlig still verhalten oder zumindest mit wenigen Anweisungen begnügen. In der Regel ging es nur um Flucht oder Angriff. (Sie kennen das vielleicht noch aus der Phase, als er versucht hat, Sie das erste Mal anzusprechen.) Er musste stets mit wenigen Lauten auskommen, wollte er von der Geschäftsreise mit einem sauber filetierten Mammut zurückkommen – oder zumindest nicht selber in einer Schuhschachtel. Von einem Mammut gepierct zu werden war ja doch in der Regel eine höchst unerfreuliche Angelegenheit.

Die Frau hingegen, als eine Art steinzeitliche „Society-Expertin", war stets das Schmieröl im gesellschaftlichen Getriebe: Immer darum bemüht, von Höhle zu Höhle soziale Strukturen zu schaffen und aufrechtzuerhalten. Wenn sie denn nicht gerade damit beschäftigt war, dieses komische Feuer auszutreten, das er erfunden haben wollte, oder die Felswand neu zu tapezieren. Egal, ob sie mit den Nachbarinnen darüber lästerte, dass er wieder einmal einen Mammut von

Kommunikation ist der Motor jeder Beziehung

der „Größe eines Elefanten" erlegt hatte oder den Kindern wortreich Tischmanieren predigte – das Wort ist seit jeher der Frauen schärfste Waffe. Zumindest eine, deren Magazin nie leer zu sein scheint.

Kurz und gut: Während bei der Frau das Wort vor allem als eine Art Sensor oder Detektor für Zwischenmenschliches funktioniert, hat es beim Mann eher den Charakter einer tödlichen Präzisionswaffe. So ist es auch nur wenig verwunderlich, dass Frauen circa 23.000 Wörter am Tag sprechen, Männer gerade einmal die Hälfte (wobei das vermutlich noch stark nach oben geschönt ist).

VERSUCH

Sie ist stets bemüht, ihm einen bunten Strauß an Wörtern zukommen zu lassen, auf dass er sich die nötigen Informationen herauspickt:

- Träume
- Wünsche
- Hoffnungen
- Sorgen
- Ihre aktuelle Stimmungslage
- Ihre gestrige Stimmungslage
- Ihre künftige Stimmungslage

Das zu tun ist er natürlich überhaupt nicht in der Lage.

EIN BEISPIEL

SIE: „Ob Ingo und Susi auf Mallorca wohl schönes Wetter haben? Ist ja immerhin ihre Hochzeitsreise."

ER: „Hock ich auf 'ner Leiter? Wohn ich in 'nem Glas? Bin ich Wetterfrosch?"

Gut, okay, jetzt haben Sie uns erwischt: Der Mann würde natürlich nie eine solch vergleichsweise kreative Antwort geben. Nein. Vielmehr würde seine Antwort lauten: „Woher soll ich das wissen?“ Oder besser noch: „Guck doch im Internet nach.“

Und genau da liegt der Knackpunkt: Während die Frau mit gerade mal zwei Sätzen ihr emotionales Koordinatensystem offenlegt, versteht der Mann als Verbalpragmatiker wortwörtlich und möchte ihr eine möglichst kurze und bündige Antwort geben. Diese soll obendrein auch noch informieren. Denn als Ratschlaggeber ist der Mann ohnehin un(rat-)schlagbar. Aber dazu später mehr.

SIE sagt: „Ob Ingo und Susi auf Mallorca wohl schönes Wetter haben? Ist ja immerhin ihre Hochzeitsreise.“
ER versteht: „Wie ist denn das Wetter auf Mallorca?“

SIE allerdings meint: (Ergebnisse können im Detail variieren – jetzt gut festhalten!) „Mensch, was haben es Ingo und Susi gut. Die beiden fliegen als Paar nach Mallorca, und wir ...? Wann sind wir beide denn das letzte Mal nach Mallorca geflogen? Ach, was! Wann sind wir überhaupt das letzte Mal gemeinsam im Urlaub gewesen? Da kann ich mich überhaupt nicht dran erinnern! Und jetzt komm mir nicht mit den drei Tagen bei ‚Rock am Ring‘! Das hab ich ja nur für dich getan! Und konnte dann da drei Tage lang im schlammigen Zelt liegen. Und diese Toiletten! Bah! Und was ist der Dank? Die beiden fliegen nach Mallorca! Als Ehepaar! Und wir? Sind jetzt schon fünf Jahre zusammen und da kommt: Nix! Aber wie auch! Du bist ja eh nicht in der Lage, über deine Gefühle zu reden!“

Insofern können Sie sich nun bestimmt vorstellen, dass ein schlichtes „Guck doch im Internet nach" nicht die Antwort war, die sie gerne gehört hätte.

Er allerdings hat nichts anderes getan als das, was aus seiner Sicht in dieser Situation das einzig Richtige war: Er hat ihr die gewünschte Information geliefert. Na ja, oder zumindest den Weg gewiesen, wie sie an die Information gelangen kann.

Ihnen dürfte allerdings nicht entgangen sein, dass in dem obigen „Sie meint"-Beispiel die eigentliche Frage nach dem Wetter überhaupt nicht mehr auftaucht. Was kein Zufall ist, da das Wetter tatsächlich so ziemlich das Letzte war, was sie interessiert hatte. Vielmehr war die Frage nach dem Wetter der Transportstoff, der die wirklich wichtigen Informationen an den Rezipienten, sprich IHN, übermitteln sollte. ER aber meint, genau das getan zu haben, was sie von ihm erwartet hatte, und versteht natürlich nicht, warum in dieser Nacht nix mehr läuft.

Dabei kann er für die Situation mindestens genauso wenig wie sie. Apropos „Nacht" – für heute ist Schluss. Lassen wir das Gelernte erst einmal sacken.

TAG 5: DIE KUNST DES GESCHICKTEN ANEINANDER-VORBEIREDENS

Männer sind schwer damit beschäftigt aus dem Füllhorn an Informationen, das man vor ihnen auskippt, das wirklich Wichtige herauszuklamüsern – quasi die Rosinen aus dem Verbalstreuselkuchen picken. Das verlangt ihnen einiges an Konzentration ab. Wenn Männer also zuhören (was man ihnen ja ohnehin gerne mal abspricht), ist nur eine Gehirnhälfte aktiv. Und zwar die, die für die Logik zuständig ist. Dort wird die gehörte Information verarbeitet.

Wenn Frauen sprechen (ja, und manchmal auch zuhören!), ist die rechte, praktisch die Gefühls-Gehirnhälfte ebenfalls beschäftigt. Der Mann läuft also gerade einmal im Zweirad-, während die Frau den zerebralen Vierradantrieb angeschmissen hat. Linke und rechte Gehirnhälfte sind bei den Frauen ständig in Verbindung, glucken zusammen wie sonst nur Frauen auf dem Damenklo. Insofern fällt es ihnen wesentlich leichter, mehrere Dinge gleichzeitig zu tun – wie beispielsweise zuzuhören und zur selben Zeit emotional auch noch auf das Gehörte einzugehen.

Frauen sind multitaskingfähig

Wie im bereits oben erwähnten „Höhlengleichnis" dargestellt (okay, das von Platon ist vielleicht bekannter – aber dieser Text hier ist ja auch neuer), reden Frauen, um Beziehungen zu pflegen, Erlebnisse zu verarbeiten oder subtil an den Stellschrauben des künftigen Miteinanders zu drehen. Ein Mann wiederum redet, um Fakten zu übermitteln oder Probleme zu lösen. Dass er damit ganz neue heraufbeschwört, ahnt er nicht. Aber dafür gibt es ja dieses Buch. Nicht wahr?

Noch ein kleines Beispiel gefällig? Okay? Warum denn eigentlich nicht?

Lektion 2

Jetzt haben Sie schon so viel Geld für dieses Buch bezahlt, da sollen Sie auch was dafür bekommen.

EIN BEISPIEL

SIE: „Ich hab im Katalog so eine schöne weiße Couch gesehen. Leider ist die für unsere Wohnung zu breit."
ER: „Dann guck doch nach einer kleineren."

Wobei das von seiner Seite ein schon fast apnoeartiges Eintauchen in ihre Gefühlswelt bedeutet. Viel wahrscheinlicher ist eine Antwort wie: „Wir ham doch eine." Ja, das passt viel besser. Das ist viel wahrscheinlicher.
Während er glaubt, dass sie ihm lediglich Informationen über den Stand ihrer spontanen Couchermittlungssituation zukommen lassen will, sieht ihre Realität natürlich ganz anders aus.

SIE meint: „Mir ist ja schon klar, dass DU dich in diesem Leben nicht mehr an der Gestaltung unserer vier Wände beteiligen wirst. Aber dir sollte nicht entgangen sein, dass diese Wohnung langsam ein bisschen zu klein geworden ist. Wir sind schließlich keine 20 mehr – auch, wenn dein Verhalten manchmal keinen anderen Schluss zulässt. Ich will endlich eine größere Wohnung! Eine, in die diese tolle Couch hineinpasst. Und eine mit einem Kinderzimmer! Ich will nämlich Kinder. Dazu könntest du dich auch langsam mal äußern! Ich werde nicht ewig warten! Warum verstehst du denn auch nicht den kleinsten Wink, den man dir gibt?!"

Für den Mann ist die Sprache der Frau ein Rätsel, das für ihn irgendwo auf einer Stufe mit dem „Da Vinci Code" oder der

Zubereitung von Soufflé steht. Helfen Sie ihm dabei, aus Ihren Wortgebinden die wichtigen Informationen herauszufiltern und zu erkennen, was Sie wirklich von ihm wollen.

Um sich selbst zu disziplinieren, besorgen Sie sich im Fachmarkt Ihres Vertrauens einen Klickzähler. Zählen Sie jedes Ihrer Wörter mit einem Klick mit! Hören Sie bei 10.000 auf – das ist die Zahl, bei der Ihr Mann die Grenze seiner Aufnahmefähigkeit erreicht hat. Sie werden im Laufe der Zeit lernen, das für Sie Wichtigste in diesem engen Wortkorridor zu vermitteln!

Beide Partner sollten sich grundsätzlich im Klaren darüber sein, dass sie nicht aus böser Absicht aneinander vorbei kommunizieren, sondern erblich bedingt nicht anders können. Na ja, sagen wir: bisher nicht anders konnten. Der Mann sollte stets bereit sein, in einem Satz mehr als nur *eine* Information zu suchen; während die Frau sich durchaus abmühen darf, das verbale Osternest, in dem er die Eier suchen soll, nicht allzu üppig zu gestalten.

Tut sie das nicht, ist die unweigerliche Folge, dass er ab einem gewissen Zeitpunkt schlicht aufgibt, nicht mehr zuhört und sich gedanklich „wichtigeren" Dingen zuwendet: zum Beispiel dem Rasensprenger, einem Eichhörnchen, dem Stromkasten auf der anderen Straßenseite, einer Plastiktüte im Wind, dem Hintern der Nachbarin in den wild gemusterten Frotteeleggins.

Ein kleiner Trick für Sie: Kündigen Sie ihm die besonders relevante Information an, indem Sie kurz vorher die Stimmlage erhöhen. So suggerieren Sie Aufgeregtheit, ja, Spannung: Das kennt er von der Fußballberichterstattung im Radio und wird deshalb an entsprechender Stelle ganz aufmerksam sein. Probieren Sie's aus!

Zum Beispiel so: „Und jetzt halt dich fest: Da hab ich doch im Katalog so eine schöne weiße Couch gesehen, wollte sie gerade einsacken und – Donnerwetter! Das hat man lange nicht gesehen: Vorbei! Aus! Aus! Aus! Nur wenige Zentimeter haben gefehlt für diese kleine Wohnung! Schade! Das war es gewesen …"

Für Sie heute auch. Wir lesen uns morgen wieder.

TAG 6: BEZIEHUNGSGRAMMATIK FÜR FORTGESCHRITTENE

Grundsätzlich schwierig wird die Kommunikation immer dann, wenn es darum geht, Gefühle zu äußern. Okay, für sie weniger. Für ihn allerdings ist der ungehemmte Umgang mit Emotionen etwas zutiefst Unangenehmes.
Was wenig verwundert, wird dies doch im männlichen Umfeld in etwa so geschätzt wie ein ausgiebiger Spaziergang mit einem Dutzend Rassepudeln. Der Mann hat leider nie richtig gelernt, Emotionen auszudrücken – Sitting Bull hat schließlich auch nicht die Cowboys am Little Bighorn mit Gewinsel vertrieben. Die emotionale Sperre wiederum macht die Sache für ihn nicht leichter, denn sie wird auch Unausgesprochenes lustvoll interpretieren.

MANN SAGT NIX – UND FRAU VERSTEHT

Als was sie sein Schweigen deuten mag – dazu reichen die paar Seiten hier leider nicht aus. Sorry, wir müssen auch ein bisschen an die Bäume denken, okay?

So wie ein aufgeschürftes Knie als Kind bei ihm schnell abgehandelt war, so werden auch (beziehungsinterne) Probleme runtergeschluckt, als wäre es ein Kurzer in seiner Stammkneipe – wobei er die Probleme garantiert bei sich behält. Sie wiederum ist so veranlagt, wieder und wieder über das Problem zu reden, um auf diese Art Herrin über die Sorgen zu werden. Kein Wunder also, dass es bei dieser Schieflage zu Problemen kommen *muss*. Bis Paare zu dieser Erkenntnis kommen, ist es allerdings meist ein verdammt langer Weg.

Als Traumpaar nehmen Sie auch diese Hürde!

Ein gerne betretenes Minenfeld im beziehungstechnischen Gazastreifen ist die Tatsache, dass sie sich von ihm keine Lösung erhofft, wenn sie von einem Problem berichtet. Er allerdings geht fest davon aus – warum sonst würde sie ihm davon erzählen?

SIE: „Oh, Mann, was ein blöder Arbeitstag! Die in der Firma nerven! Ständig werde ich ausgenutzt, und noch nicht einmal ein Dankeschön gibt's dafür!"
ER: „Guck doch im Internet nach. Gibt doch genügend Jobs in deiner Branche."

Patsch! Er, der es wirklich nur gut gemeint hat, hat innerhalb weniger Millisekunden bei ihr so viele Popularitätspunkte wie ein Elfenbeinjäger. Natürlich ohne zu verstehen, warum. Sie ist wütend.

SIE: „Hä? Was soll das denn jetzt? Warum denn ein neuer Job? Darum geht es doch gar nicht!“

Kurz und schlecht: Sie hat im Grunde genommen nichts anderes von ihm erwartet, als dass er ihr den emotionalen Kummerkasten gibt. Und aus dem ist doch relativ selten mal wieder was rausgekommen, oder? Frei nach dem Motto: „Der Mann darf ihr Auto reparieren – nicht ihre Sorgen.“

Möglicherweise werden Sie schon jetzt kritisch nachhaken und sich oder uns fragen: „Ja, ist denn das hier ein Kapitel, das nur dazu da ist, die Frau und ihre Form der Kommunikation zu erklären? Hm?!“ Die Antwort ist: „Jap.“ So ist es. Ginge es darum, die Art zu erklären, wie Männer kommunizieren, würde vermutlich ein Bierdeckel reichen. Echt.

Um ein glückliches Miteinander zu fördern, ist es für den Mann von entscheidender Bedeutung, vage Andeutungen der Frau nicht als das zu deuten, was sie oberflächlich betrachtet zu sein scheinen. („Der Wunsch einer Frau ist wie ein Eisberg – und der Mann segelt in einer Nussschale ahnungslos darauf zu.“) Niemals sagt eine Frau etwas ohne Grund. Ähnlich wie in Krimis Informationen keineswegs zufällig eingestreut werden. Der Mann muss sich die Mühe machen, ihrem Bedürfnis auf den Grund zu gehen und ihm gerecht zu werden. Wenn sie zum Beispiel sagt: „Findest du nicht auch, dass es hier zieht?“, dann gibt es eigentlich nur eine probate Reaktion auf diese feminine Feststellung. Und diese ist garantiert nicht: „Echt? Find ich nicht."

Selbstverständlich, und das ist für sie tatsächlich ungewöhnlich, will Frau ihn an dieser Stelle nicht in ein Gespräch verwickeln, sondern ihn freundlich, aber bestimmt darauf hinweisen, dass er gefälligst das Fenster zumachen soll. Oder im Zweifel alle 3.243 möglichen Quellen im Haus eliminieren, aus denen es möglicherweise zieht. Ähnlich verhält es sich mit dezent versteckten Imperativen wie zum Beispiel: „Sag mal, Schatz. Wollen wir nicht mal spazieren gehen?" oder auch „Hase, wenn du nachher am Kühlschrank vorbeikommst – bringst du mir dann 'nen Joghurt mit?"

Mein Gott, was für ein Amateur muss das sein, der glaubt, dass er tatsächlich noch den breiten Zeitkorridor hat, zu warten, bis er später zufällig am Kühlschrank vorbeikommt! Lächerlich! Wenn sie so was sagt, dann will sie den Joghurt. Und sie will ihn JETZT! Mann sollte sich daran gewöhnen, dass die Frau für gewöhnlich mit dem Zahnstocher zu winken pflegt.

Von Anfang an klar: Sie sagt, wo's langgeht

Dass er nicht adäquat auf den zarten Wink reagiert hat, merkt er spätestens dann, wenn sie im Laufe der nächsten Minuten so unruhig wird wie ein Bonobo am Früchtebüfett – und dabei das eigentlich physikalisch Unmögliche schafft, die Raumtemperatur durch ihre bloße Anwesenheit signifikant herunterzukühlen.

Um den versteckten femininen Imperativ besser zu erkennen, gehen wir das soeben Gelernte spielerisch durch ...

DER TEST

1. SIE sagt: „So 'n gegrilltes Stück Fisch soll ja sehr gesund sein!"
SIE meint: ____ ____ ____ ____.

2. SIE sagt: „Soll man ja nicht meinen, dass es im Oktober schon so kalt ist."
SIE meint: ____ ____ ____ ____.

3. SIE sagt: „Jetzt so ein Glas Wein, das wär's jetzt!"
SIE meint: ____ ____ ____ ____ ____?

4. SIE sagt: „Ich war ja noch nie im Musical!"
SIE meint: ____ ____ ____ ____ ____ ____ ____ ____ ____ ____.

5. SIE sagt: „Wollen wir das wirklich gucken?!"
SIE meint: ____ ____ ____ ____ ____ ____ ____.

AUFLÖSUNG

1. Besorg mir gefälligst eins // 2. Gib mir deine Jacke // 3. Warum steht noch keins hier // 4. An deiner Stelle würd ich schon mal nach Karten gucken // 5. Du schaltest jetzt mal fein um

Natürlich drängt sich da umgehend die Frage auf, ob Mann seinerseits nicht auch ein paar versteckte Wünsche hat. Nein, hat er nicht. Seine wenigen Bedürfnisse äußert er offen und ungehemmt. Den Rest nimmt ihm die Frau im Kümmernis-Modus ohnehin ab.

Es ist wirklich so einfach: Der Mann verlässt das Elternhaus, weil er die Gängelei seiner Mutter leid ist. Alleinlebend ist er den permanenten Kommandoton zwar los – leider aber auch die Person, die ihm die lästige Hausarbeit abgenommen und ihn umsorgt hatte. Also sucht beziehungsweise findet er schnell eine Frau, die diese Rolle ausfüllt. Und die paar Anweisungen nimmt er doch mit links. Hat ja irgendwie auch was. Wobei, halt! EINE Sache wäre dann da doch, die SIE beachten sollte im Informationsaustausch mit IHM: den „Bullshit-Faktor"! Aber den machen wir morgen. Tschüss.

TAG 7: DER BULLSHIT-FAKTOR

Frau sollte immer bedenken, dass ein Mann eine Geschichte nie so erzählt, wie sie tatsächlich geschehen ist. Vielmehr jagt er sein kümmerliches Stück Information durch die Testosteron-Orgel, und heraus kommt – tateratataaaa! – eine mitreißende, packende Story, die ihm am Stammtisch Applaus und diverse Freigetränke sowie garantierten Beischlaf mit ihr sichern wird. Zumindest in seiner Vorstellung. Schuld daran ist natürlich wieder einmal die vermaledeite Zivilisation, die dem Mann im Laufe der Jahrhunderte immer weniger Gelegenheiten gegeben hat, sich tödlichen Gefahren auszusetzen und diese zu überleben. Vom U-Bahnfahren in diversen Berliner Bezirken jetzt mal abgesehen.

Bei der akustischen Aufnahme seiner Heldentaten bedenkt die kluge Frau stets die goldene Regel: „Die Frau, die ihren Mann gut kennt, glaubt von der Story: zehn Prozent."

Dazu ein Beispiel: Kommt er nach Hause und erzählt ihr diese packende Geschichte …

„Heute hab ich in der Firma mal richtig Rabatz gemacht! Vor versammelter Mannschaft hab ich dem Chef mal die Meinung gegeigt und erzählt, was bei uns so alles schiefläuft! Von den anderen Lemmingen hat sich mal wieder keiner getraut. Dem Alten hab ich knallhart die Meinung gefiedelt, dass fast der Konferenztisch gesplittert wär, das sag ich dir aber. Der hätte fast angefangen zu heulen, glaub ma! Natürlich hatte mal wieder keiner die Eier, meine Ideen umzusetzen. Dazu fehlt denen ja der Mut! Da hab ich auf den Tisch gehauen und denen gesagt, dass ich mir die Scheiße nicht mehr lange bieten lasse und die sich bald 'nen anderen Idioten suchen können! Ohne Witz! Der Chef hatte echt Angst, dass ich da gleich 'ne Palastrevolution anfange – und gewinne! Ich war so 'ne Art Fidel Castro da heute!"

Klingt ja auch zugegebenermaßen irgendwie besser als: „Wir hatten heute Mitgliederversammlung, und der Chef hat gefragt, was wir in der Firma besser machen könnten. Da hab ich gesagt, dass in der Kantine immer zu wenig Soße bei den Fischstäbchen ist. Er meinte aber, dass mehr Soße zu teuer wäre. Schade."

Seien wir ehrlich: Sie hat sich sicherlich schon häufiger gewundert, dass er alle drei Wochen mit 'nem halben Dutzend Islamisten im Bus gekämpft haben will, anstatt einfach mal zuzugeben, dass er mit dem Kopf vor den Fahrplan gebimmelt ist, übers Kopfsteinpflaster gestolpert ist oder ihm ein Pekinese ins Bein gebissen hat – also, der Hund.

Wichtig allerdings ist, dass die Frau an dieser Stelle seine Story nicht allzu kritisch hinterfragt oder sich gar über ihn lustig macht. Im Gegenteil: Hochleben soll er – hoch! Für ein glückliches Miteinander muss frau auch mal über ihren, und seinen gleich mit, Schatten springen und das Erzählte frenetisch abfeiern. Lob tut ihm gut, und diese Bestätigung wird ihn für mindestens eine Woche derart wachsen lassen, dass er die Erledigung sämtlicher Aufgaben, respektive Hausarbeiten, fast schon als einen Akt der Volksnähe empfinden wird – es haben also alle was davon. Wie die Frau übrigens sprachliche Anreize schaffen kann, um seinen Heldenkomplex in effektives Hauswirtschaften umzumünzen, erfahren Sie im Kapitel „Haushalt".

So loben Sie sich zum Traumpaar

Kommen wir zum sprachlichen Pattex, der Sie beide intern und auch extern als Traumpaar ausweist – die liebevollen Spitznamen: „Nur eins kittet Herr und Dame, und zwar: der Kosename."

TAG 8: SPITZ(EN)NAMEN FÜR HERREN UND DAMEN

Kosenamen sind innerhalb einer Partnerschaft von elementarem Wert, da sie dem Gegenüber ein Label verpassen, das es eindeutig als Teil dieser kleinen Gemeinschaft ausweist. Schließlich war immer klar, dass „Bomber" oder „Katsche" nur zu einem Team gehört haben können. Oder der „Tiger". Oder „B. A.". Oder „Prinz Pipi". Sie wissen schon, was wir meinen.

Der Kosename unterscheidet sich vom Spitznamen nicht nur sprachlich, sondern vor allem inhaltlich. Während ein Spitzname durchaus auch von Unbekannten an eine Person vergeben werden kann (ich nehme mal an, dass der ein oder andere Hollywoodstar jetzt noch nicht mit jedem seiner Anhänger tot überm Zaun gehangen hat), hat der Kosename einen deutlich engeren Kreis von Absendern. Es dürfte zumindest schwer sein, jemanden aufzutreiben, der zum Beispiel den Kanzler der Einheit im Kabinett „Pupsi" genannt hat. Bei Kosenamen gibt es zudem durchaus eine Relation zwischen „Laufzeit" der Beziehung und Art des „innerbetrieblichen Spitznamens".

Verwendet ein Paar anfangs noch eher Allerweltsbegriffe wie zum Beispiel „Hase", „Schatz" oder einfach ein unbürokratisches „Du", fließen pö a pö (hm? Ach, Sie haben „Deutsch-Französisch" bereits gelesen? Na, dann …), also peu à peu beziehungsinterne Bewandtnisse in die Kosenamen ein. Signifikante Verhaltensweisen oder Äußerlichkeiten des Partners manifestieren sich in handfesten Prädikaten. Das kann sehr lustig sein. Im Bestfalle dient der Humor hier als Transportstoff, um dem Partner zu zeigen, dass man ihn als Person – innerlich und äußerlich – in Gänze wahrnimmt, ja, ihn sieht.

Um einen weiteren Schritt Richtung Traumpaar voranzukommen, sollten Sie wissen, dass es kleine, feine Unterschiede gibt, die bei Kosenamen über Wohl und Wehe entscheiden. Lustig sind charmante Frotzeleien, die gewisse Eigentümlichkeiten sowie kleine Unvollkommenheiten hochnehmen, ohne zu verletzen. Zum Beispiel „mein kleines Grunzmäuschen", „Stampfi",

Wählen Sie kreative Kosenamen

„Nasenbärchen“, „Würschtelfinger“, „Knubbelohr“ oder auch „Zuckeräffchen“.

Unschön wird es allerdings, wenn Begrifflichkeiten auftauchen wie „mein kleiner Schrumpfpimmel“, „Dellentanker“ oder „Pusteblumen-Paule“. Das sind Attribute, die mitunter zwar sehr kreativ sind, aber auch so sensibel wie ein T-Träger. Abgesehen davon, dürften diese Kosenamen dafür sorgen, dass der Partner sich mittel- bis langfristig zurückzieht wie eine Schildkröte oder der oben genannte Schrumpf... na ja ... komm, is egal. Verstanden? Ja? Nein? Ein kurzer Test – wirklich nur zur Sicherheit.

Kosename	**geeignet**	**Plutonium** (für den inneren Frieden)
Knabberfinger	○	○
Brummelkopf	○	○
Meine süße Elefantenfurt	○	○
Puschelbraue	○	○
Zwinkerlilly	○	○
Fettschürzenelse	○	○
Klumpfüßchen	○	○
Knittermamsell	○	○
Quasi-Bodo	○	○

Geeignet sind: Knabberfinger, Brummelkopf, Puschelbraue, Zwinkerlilly, Quasi-Bodo. Und Plutonium für den inneren Frieden: meine süße Elefantenfurt, Fettschürzenelse, Klumpfüßchen, Knittermamsell. Wenn Sie jetzt circa vier Begriffe als unpassend ausgewiesen haben, liegen Sie schon ziemlich richtig. Wobei: Hängt natürlich auch ein bisschen davon ab, welche das waren. Also, um das noch einmal klarzumachen … Sollte sich Ihr Partner schon seit Längerem mit einem massiven persönlichen Problem herumschlagen, dann hilft es ihm wirklich nicht, ihm (oder ihr) exakt diesen Makel auch noch permanent im Kosenamengewand um die (Segel-)Ohren zu hauen. Capisce? Dann is ja gut.

Ach ja, schlimmer wird es natürlich dann, wenn diese interne Kommunikation zu einer externen wird. Bei zulässigen Kosenamen ist das natürlich absolut wünschenswert. Sollten sich aber Spurenelemente oder ganze Brocken Geringschätzung mit in die Prädikate mengen, wird es schwierig. Ja, sogar bedenklich. Denn was intern schon für Befremden sorgt, wird extern das Bild vom Traumpaar pulverisieren.

TAG 9: EXTERNE KOMMUNIKATION

Es wird Ihnen sicher leichtfallen, den Partner in der Öffentlichkeit über den grünen Klee zu loben – schließlich lieben Sie ihn nicht ohne Grund so vehement. Wichtig ist, sich die Kunst des ungehemmten Euphemismus anzueignen. (Nein, Euphemismus ist nix, womit man zum Urologen muss.) Zum einen ist es absolut zulässig, den Partner auch in der Öffentlichkeit „Hase“ oder „Bärchen“ zu nennen. Ja, selbst bei der Vorstandssitzung des Großkonzerns. Möglicherweise wird der ein oder andere kurz die Nase rümpfen – heimlich aber wird man Ihnen die offenkundig intakte Beziehung und das Bewahren der Restfrische neiden.

Viel spannender allerdings ist es, zumindest für die Außendarstellung, ein paar spannendere, mysteriös verschnörkelte Kosenamen zu benutzen. Wie zum Beispiel „mein (tantrischer) Liebeskranich“. Oder, etwas subtiler, „Brezelchen“. Die Umstehenden werden sich den Kopf darüber zerbrechen, was das denn wohl bedeuten mag, und bei all der Beschäftigung vergessen, Ihnen langweilige Themen aufzudrängen. Ganz sicher aber werden sie ein mittelschweres Feuerwerk in Ihr Liebesleben hineininterpretieren, und das kann Ihnen ja so unrecht nicht sein, oder?

Davon ab ist es immens wichtig, Ihren Partner stets verbal zu unterstützen. Da kommen natürlich so neumodische Begrifflichkeiten wie „Facility-Manager“ statt Hausmeister äußerst gelegen. Was auch immer der Partner tut oder nicht tut, lassen Sie ihn hochleben, als hätte er soeben den Nobelpreis gewonnen. Da kann frau sich natürlich endlich mal was von ihrem Mann abgucken. Er hat ja ohnehin kein Problem damit, die Dinge ein wenig aufzubauschen (siehe oben). Frau braucht kein schlechtes Gewissen dabei zu haben. Sie verzerrt nicht die Realität – sie macht sie nur „ein wenig hübsch für den Abend“. Das zeugt davon, dass ihr etwas an ihrer Umgebung liegt und sie den Anwesenden die schönstmögliche Wahrheit gönnt. Das finden wir sehr nett von ihr.

Arbeitet er beispielsweise als Lagerist auf Halbtagsbasis (wegen akuter Unlust und dringender Nachmittagsfernsehprogrammabarbeitungaufgaben nicht Vollzeit), dann berichtet sie stolz den Umstehenden, dass er neben seiner Arbeit als ehrenamtlicher

Televisions-Supervisions-Medienbeirats-Obmann noch einer Tätigkeit als Half-day-Supervisor-and-Filler-in-charge nachgeht. Das dürfte die anderen beeindrucken oder wieder einmal davon abhalten, Ihnen ihren eigenen Mist zu erzählen. Ein Teilerfolg winkt ganz sicher.

Wenn er über ihre Erfolge als On-demand-Futurevisions-Fachfrau-vom-Nostradamus-Institut erzählt, ist das allemal besser, als zuzugeben, dass sie ein Wahrsagerzelt auf der Rüttenscheider Kappes-Kirmes betreibt. Auch, wenn sie damit möglicherweise sehr viel Geld macht.

REGELN

Eigentlich versteht es sich von selbst:

> Tragen Sie Ihre internen Probleme nicht nach außen! Das sind Ihre Freunde (oder zumindest Bekannten) – nicht Ihre Paartherapeuten! Davon ab wollen wir ja nicht vergessen, dass Sie beide, wenn Sie's vielleicht intern noch nicht ganz sind, dann zumindest für „die da draußen" schon mal als Traumpaar auftreten wollen. Also, bitte ... ein bisschen Contenance, ja?

> Erzählen Sie immer von den positiven Dingen! Sagen Sie, dass er sich „... immer wieder aktiv in den Haushalt einbringt, das liebe ich so an ihm: Wenn er einen Missstand sieht, bringt er sich sofort ein." Dass er diesen Missstand in etwa genauso häufig bemerkt wie der Halleysche Komet die Erdumlaufbahn schrammt – sei's drum. Ab und zu kommt's ja immerhin vor. Er wiederum lobt ja auch ihre „bewundernswerte Durchsetzungsstärke in einer von Männern dominierten Gesellschaft", während ein Kommentar wie „bei ihrem komplett entgrenzten Diktatorengebahren fehlen ihr eigentlich nur noch 'ne Uniform und ein eigenes Beduinenzelt" ebenfalls passend wäre.

Sie sehen: Wenn Sie bereit sind, das Positive dick zu unterstreichen und das Negative verblassen zu lassen, werden Sie auch selbst bald feststellen, wie wunderbar Ihr Partner ist. Das ist externe Kommunikation, die wie ein emotionaler Bumerang zu Ihnen zurückkehrt und Sie noch stärker aneinander bindet. So, jetzt darf kurz geheult werden.

KÖRPERLICHKEIT

TAG 10–12

TAG 10: EINFÜHRUNG (HIHIHI) INS KÖRPERLICHE MITEINANDER

Sie haben es geahnt, gehofft oder gefürchtet, aber: Ein Traumpaar kommt auch körperlich gesehen nicht aneinander vorbei. Dann doch besser gleich alles richtig machen. Sind Sie bereit? Einmal tief Luft holen, und dann … los!

SEX

Sie werden möglicherweise überrascht sein, aber Sex ist für eine funktionierende Beziehung nicht ganz unerheblich. (Falls Ihnen die Aussicht auf sexuelle Interaktion mit dem Partner jetzt Angst machen sollte, legen Sie dieses Buch vielleicht besser weg.) Ist das gesprochene Wort die, quelle surprise, verbale Kommunikation, dann ist Sex ein Kernaspekt der nonverbalen. Wobei Begrifflichkeiten wie „nonverbal" im Zusammenhang mit Sex nicht unbedingt passend sind. Immerhin ergeben sich beim koitalen Gerangel mitunter Geräusche, die schwer auf „Ringelpiez im Brüllaffengehege" schließen lassen. Das tut gut, das macht Laune, das stärkt den innerbetrieblichen Frieden, bis der Putz von der Wand knallt und der Stuck abfliegt, aber bedenken Sie: Nicht jeder Nachbar goutiert das turbinengleiche Powerpimpern. So ist es schon so manchem passiert, dass unter der Tür plötzlich ein Zettel durchgeschoben wurde, auf dem stand: „Bitte werden Sie nach zwölf Uhr nicht mehr intim."

Sex ist das Salz in der Suppe

Da müssen Sie sich natürlich nicht dran halten. Im Gegenteil! Wenn Sie es schon nicht tun, weil Sie Spaß am Partner haben, dann tun Sie's, um den Nachbarn zu ärgern. Möglicherweise kommen Sie dabei wieder richtig auf den Geschmack! Macht ja schließlich grundsätzlich ziemlichen Spaß und wird von relativ vielen Leuten mit großer Freude betrieben. Um es mal auf den (G-)Punkt zu bringen: Eine Beziehung, in der nicht ab und an anständig geknattert wird, ist wie die A 20 bei Prenzlau – kaum Verkehr und ziemlich langweilig. Deshalb fangen Sie noch heute an und kopulieren schrittweise Richtung Traumpaar! Ganz nach dem Motto: „Gestern noch faul rumgelungert, wird heute herzhaft bunga-bungert!“

Sex ist quasi eine rhythmische Liebeserklärung an den Partner. Eine, die man ihm keinesfalls vorenthalten sollte. Aber vielleicht sollten wir erst einmal klären, wie nahe Sie und Ihr Partner sich derzeit stehen. Beantworten Sie alle Fragen unbedingt wahrheitsgemäß und zählen Sie zum Schluss alle Ihre Punkte zusammen.

DER SEXUELLE STRESSTEST

Beim Sex mit meinem Partner denke ich (Mann/Frau) an:

1. Meine Frau natürlich!/Meinen Mann natürlich. (1 Punkt)

2. Okay, meine Frau mit fünf Kilo weniger./Okay, meinen Mann mit fünf Kilo weniger. (2 Punkte)

3. Jajaja, meine Frau mit 20 Kilo weniger!/Jajaja, meinen Mann mit 20 Kilo weniger! (3 Punkte)

4. Mein Gott, meine Frau nach dem Komplett-Lifting./Ich geb's ja zu: meinen Mann nach drei Monaten Bootcamp. (4 Punkte)

5. Psst! Unter uns: meine Frau mit dem Körper von Heidi Klum./ Meinen Mann nach drei Jahren Bootcamp. (5 Punkte)

6. Ach, was soll's, ich nehm die komplette Klum!/Den netten Ansager aus dem dritten Programm. (6 Punkte)

7. Die Klum mit – sagen wir mal – fünf Kilo weniger./Reinhold Beckmann. (7 Punkte)

8. Die Klum mit zehn Jahren weniger./Den Landarzt (also, den alten Landarzt). (8 Punkte)

9. Diese Blonde da aus dem Privatfernsehen./Tarzan. (9 Punkte)

10. Ein Schaf mit Strapsen./Cheeta. (10 Punkte)

AUFLÖSUNG

Und? Wo liegen Sie?
So viel dürfen wir Ihnen verraten: Wenn Sie irgendwo im erotischen Niemandsland zwischen 2 und 9 oszillieren, sind Sie absolut und unbestreitbar normal. Vielleicht ein bisschen mehr oder weniger als der ein oder die andere, aber: normal. Ist doch schon mal schön, oder?

Sex ist für Sie als (kommendes) Traumpaar absolut unerlässlich und ein guter Indikator für den innerbetrieblichen Frieden. Dennoch werden auch Sie festgestellt haben, dass die gegenseitige körperliche Anziehungskraft im Laufe der letzten Monate und Jahre nachgelassen hat. Und das, obwohl Sie Ihren Partner heiß und innig lieben. Das ist normal und sollte Sie nicht weiter beunruhigen.

Faustregel
„Die Halbwertszeit sexueller Hochspannung innerhalb einer Beziehung beträgt stets +/– drei Monate."

Sie werden jetzt lachen und sagen: „Was? Drei Monate? Im Leben nicht! Das kann doch gar nicht stimmen!" Doch. Stimmt. Das hat die Natur ganz clever eingerichtet. Schließlich hatten die Menschen früher eine deutlich geringere Lebenserwartung, außerdem konnte die Natur ja nicht wissen, dass die Bevölkerung sich so explosionsartig vermehren würde. Sonst hätte sie sich die Sache bestimmt noch einmal überlegt. Und zwar die, dass Menschen, respektive der Mann, schnell das (sexuelle) Interesse am Gegenüber verlieren, um sich anderen zuzuwenden und die Gene zwecks Arterhaltung breit zu streuen. Wobei das Wort „zuwenden" sanft verklausuliert, was hier jetzt mal nicht explizit ausgesprochen werden soll.

Gerne wird das Argument mit den Genen übrigens von Männern verwendet, um ihren Partnerinnen zu erklären, warum sie sich bei den letzten 137 Kellnerinnen, Flugbegleiterinnen, Kindergärtnerinnen, Zimmermädchen, Kirmesfachangestellten oder Zeitungsausträgerinnen nicht zurückhalten konnten. Abnicken sollten sie das dennoch nicht.

Glauben Sie Ihrem Partner nicht alles

Sex ist etwas, was großes „Zusammenschweiß-Potenzial“ birgt. Allerdings auch im Umkehrschluss ein enormes Frustrationspotenzial. Gerade aus diesem Grunde sollten beide Partner stets in der Lage sein, die Initiative zu ergreifen und loszulegen. Entweder mit Beschlafung – oder zumindest mit dem verbalen Einsatz, die möglichen Probleme, Wünsche oder Hoffnungen explizit anzusprechen. Schweigen oder Untätigkeit können hier sehr fatal sein und in eine Negativspirale münden.

Mit „Negativspirale“ ist übrigens kein Verhütungsmittel gemeint. Das Ganze lässt sich sehr schön in einem, für jede Kissenstickerei geeigneten Satz zusammenfassen: „Reden ist Silber, Schweigen ist Gold wert – nur beim Sex, da ist es umgekehrt.“

Bleiben Sie nicht allein mit dem, was Sie umtreibt. Sprechen Sie es klar an. Angesichts der Summe unserer Erfahrungen ist es doch völlig klar, dass unsere Erwartungen an die gelebte Sexualität nicht deckungsgleich sind. Und ja, möglicherweise wird nicht jede Fantasie zu 100 Prozent erfüllt werden. Aber ein guter Kompromiss ist ja auch schon ein sehr erstrebenswertes Ziel.

Ob Sie Ihrem Partner tatsächlich erzählen müssen, dass Sie sich aus der Wachstischdecke auf dem Terrassentisch gerne ein schmuckes Ganzkörperkondom basteln würden, das sollten Sie letztlich situativ entscheiden. Ansonsten sollten Sie Ihre Vorstellungen ruhig kommunizieren – mehr als „Nein“ sagen kann er oder sie ja nicht. Gut, eventuell die Polizei rufen, den psychologischen Notdienst oder das Veterinäramt mitsamt Blasrohr. Aber so jemand sind Sie ja nicht. Nicht wahr?

Um eine erfüllte Partnerschaft zu leben, muss man stets bereit sein, den Partner zu verstehen und sich in seine Lage hineinzuversetzen. Hat er oder sie zum Beispiel beruflich viel Stress, dann ist die Wahrscheinlichkeit von Sex am Abend in etwa so groß wie die, dass Griechenland noch mal schwarze Zahlen schreibt. Kurz: nicht so wahrscheinlich.

Anstatt sauer zu sein oder das mangelnde Interesse an Verkehr auf sich selbst zu beziehen, sollten Sie Verständnis für die Gemütslage aufbringen und eine entspannte Atmosphäre schaffen. Schließlich gibt es viele Berufe, die einem am Ende eines langen Arbeitstags die Lust auf Sex verleiden können. Zum Beispiel: Ordnungsbeamter, Kohlenschlepper, Minenarbeiter, Steinklopper, Kindergärtner oder natürlich Erwachsenenfilmdarsteller. In diesem Fall gilt ganz klar: Ruhe bewahren und Ruhe *geben*. Gras wächst auch nicht schneller, wenn man dran zieht. Und morgen machen wir gleich munter weiter … und zwar hiermit:

TAG 11: SEX RICHTIGE!

Hier sind sechs Tipps, die Ihr Sexualleben deutlich bereichern können …

TIPP 1: KREATIVITÄT

Kreativität ist eine Bank, wenn es darum geht, das Sexleben zu verbessern. Lassen Sie sich etwas einfallen! Nutzen Sie alles, was Ihnen zur Verfügung steht! Der olle fliederfarbene Seidenschal von Weihnachten '03, der zu Recht nie den Weg um Ihren Hals gefunden hat – hier kann er endlich einmal zweckmäßig eingesetzt werden. Fesselspiele üben nicht umsonst einen großen Reiz auf so viele Menschen aus, probieren Sie's ruhig mal aus. Ebenso sind Handschellen, Paketband oder Kabelbinder sehr gut geeignet, um sich vertrauensvoll in die Hände des anderen zu begeben. Übrigens: Falls die Hände des „Opfers“ Richtung blau, violett oder schwarz gehen – ruhig ein wenig locker lassen.

Im Jahr 2011 mit Federkiel schreiben: Blödsinn. Nutzen Sie das Ding, um ganz sanft die Konturen des Partners nachzuziehen. Gänsehaut garantiert! Genauso lassen sich Lebensmittel wunderbar einsetzen, um den gemeinsamen Lustgewinn zu steigern. Schon diverse Hollywoodstreifen haben da die Pace vorgegeben, wie man's machen muss. Sehen Sie im Kühlschrank nach, was sich verwenden lässt und dann: ran! Die Olive aus dem Bauchnabel, den Honig von der Brust geschleckt, Nutella in der Armbeuge – all das kann, kreativ eingesetzt, sehr, sehr reizvoll sein. Den Partner mit Zwiebelmett einzureiben eher nicht.

TIPP 2: DIRTY TALK

Sex fängt im Kopf an – womit jetzt nicht explizit der französische gemeint ist. Schaffen Sie eine sexuell aufgeladene Atmosphäre, indem Sie so häufig wie möglich kleine bis mittelschwere Schweinigeleien in Ihren Alltag einbauen. Das macht Laune, schafft beinahe schon kindlichen Spaß, etwas Unanständiges zu tun, und hilft obendrein, sich gegenseitig der Sexualität zu vergewissern. Gerade am Telefon kann es sehr reizvoll sein, sich diverse Vulgaritäten zuzuflüstern.

Man sollte allerdings darauf achten, dass der Partner nicht gerade am Konferenztisch bei der Vorstandssitzung sitzt und auf „laut“ gestellt hat. Andererseits kommt er dann bald nicht mehr so gestresst und müde von der Arbeit – er hat dann ja keine mehr.

Um Ihre Umwelt nicht unnötig und unaufgefordert verbal zu beschlafen, eignen sich in der Öffentlichkeit Codewörter. Diese wunderbaren Zweideutigkeiten schotten Sie einerseits gut gegen Dritte ab, machen andererseits aber auch großen Spaß – immerhin wissen ja nur Sie beide, worum es gerade geht. Diese können so manche Unterhaltung höchst effektiv vor der Frühverebbung bewahren und stark zum baldigen Verkehr anregen. Wenn man die ganze Zeit vom Essen spricht, bekommt man ja auch Hunger, oder?

Benutzen Sie in der Öffentlichkeit nur Codewörter ...

Codewörter wie „Aal“ oder „Auster“ eignen sich übrigens sehr gut. Weniger subtil sind Begriffe wie „Pimmel“ oder „Funz“. Sie werden verstehen, warum. Gehen Sie's kreativ und spielerisch an. Verleihen Sie dem Ganzen einen kleinen Wettbewerbscharakter! Wer hat das schönste Bild kreiert? „Die Muräne schrubben“, „den Fuchs in den Bau jagen“, „den Dorsch in die Reuse scheuchen“, „die Schleuse polieren“, „Körnel Einauge wienern“, „den Kolben schmieren“ und, und, und. Wem macht so was nicht Spaß?

TIPP 3: STELLUNGSWECHSEL

Niemand mag Eintönigkeit. Das gilt auch und vor allem beim Sex. Wer möchte schon jeden Tag Erbsensuppe essen, selbst dann, wenn sie toll schmeckt? Probieren Sie unbedingt neue Stellungen aus:

- ★ *Weg mit der immer gleichen Missionarsstellung, her mit dem „eingedrehten Liebeskranich".*
- ★ *Tanzen Sie gemeinsam das Kamasutra durch – und zwar inklusive Vor- und Nachwort! Alles, womit Sie der Routine entkommen, ist willkommen. Lassen Sie sich inspirieren von Tantra und Co.!*

Gehen Sie gemeinsam neue Wege der sexuellen Erfüllung. Sie werden überrascht sein, wie viele verschiedene Stellungen es gibt. Und, wer weiß, vielleicht ist ja sogar eine dabei, die ihren G-Punkt trifft. Probieren Sie's aus, am besten nach dem Schrotflintenprinzip. Je länger Sie's machen, desto mehr Kalorien verbrennen Sie obendrein. Wodurch Sie schlussendlich noch fitter und attraktiver werden, woraufhin Sie noch mehr Lust aufeinander bekommen und … ein toller Kreislauf, wie Sie sehen. Sie sollten lediglich vorher bei Ihrem Physiotherapeuten abklären, was für Sie zumutbar ist und was nicht. Es ist ja keinem geholfen, wenn Sie nach ausgedehnter Matratzengymnastik plötzlich aussehen wie Quasimodos buckliger Bruder.

Mit „Stellungswechsel" meinen wir nicht nur die Stellung an sich, sondern auch den Ort, an dem das Ganze vonstatten geht. Also, raus aus dem Schlafzimmer, rein in die Küche! Sie wollten doch ohnehin noch diese Spielchen mit Nahrungsmitteln machen. Und überhaupt: Wann haben Sie denn das letzte

Mal in der Küche gekocht? Eben. Jetzt ist das Ceranfeld endlich mal für was gut! Und außerdem heißt es doch „*Arbeitsplatte*“! Insofern … ran! Gehen Sie ins Wohnzimmer und schubbern Sie gemeinsam die Milben aus der Couch! Der Wohnzimmertisch ist antik, der hält was aus – drauf da! Na klar! Erkunden Sie Ihre Wohnung neu! Sie werden feststellen, dass sich eine vermeintliche Besenkammer plötzlich als verdammt lustvolle zwei Quadratmeter entpuppen kann. Spielen Sie beispielsweise „Tennisidol und Model“. Was uns direkt zu Tipp 4 bringt.

TIPP 4: PAAR-PORNO

Im Laufe eines (Beziehungs-)Lebens lässt es sich kaum vermeiden, dass man sich am eigenen Partner sattsieht. Dieser Missstand wird leider zu häufig behoben, indem man den Partner austauscht. Das können Sie natürlich machen – allerdings heißt das Buch „In 30 Tagen zum Traumpaar“ und nicht „30 Tage lang ein Traumpaar“. Als probates Mittel eignen sich besonders Rollenspiele. Lernen Sie Ihren Partner neu kennen. Definieren Sie sich neu. Zumindest für ein paar hochheiße Stunden! Benehmen Sie sich auf eine Art, wie sie schon mächtige Banker in den Knast gebracht hat. Seien Sie der Star in Ihrem ganz privaten Porno!

So soll es sein:
30 Jahre ein Traumpaar!

Starten wir gleich mit einem Klassiker der modernen Erwachsenenunterhaltung. Er ist Klempner, der erfolgreich die Verstopfung ihrer Ansaugdüse in den Griff bekommen hat. Als es ans Bezahlen geht, nehmen die erotischen Kapriolen ihren Lauf.

MODERNE ERWACHSENENUNTERHALTUNG

» SIE « vs. » ER «

» Das haben Sie toll gemacht. Sie … mit Ihrem mächtigen Hammer. «

» Vielen Dank, Ma'am. Ich bin bei Ihrer Düse aber auch mächtig ins Schwitzen gekommen. Musste mir sogar das T-Shirt ausziehen. «

» Puh, ganz schön heiß hier. Oh, nein. Ich merke gerade, ich habe gar kein Bargeld im Haus. Und mein Mann ist auf Montage in Simbabwe. Was machen wir denn da? «

» Kein Geld? Hmmmm … ich glaub, mir fällt da was ein, wie wir uns einigen können. «

» Ach, ja? Da bin ich aber beruhigt. Ist das da eine Münzrolle in Ihrer Hose? «

» Haha … nein. Sagen Sie … ist das da eine Matratze neben dem Trockner? «

Der weitere Verlauf muss wohl nicht explizit beschrieben werden. Probieren Sie's aus! Sie werden feststellen, dass eine sexuell aufgeladene Atmosphäre entsteht.

Weitere interessante Rollenspiele sind unter anderem: Polizist und unzüchtige (Verkehrs-)Sünderin, Maler und Muse sowie Rockstar und Groupie. Ebenfalls sehr unterhaltsam sind Rollenspiele, in denen er oder sie den Lehrkörper gibt, der zur knallharten Nachhilfestunde bittet. Man sollte allerdings die Rolle des Erziehers nicht allzu ernst nehmen. Hat der Partner erst einmal zwölf Seiten Diktat schreiben müssen, ist ihm/ihr die Lust vermutlich vergangen. Alternativ wird auch gerne gespielt: Pilot und Stewardess. Ob er dabei betrunken sein will oder lieber nüchtern, bleibt ihm überlassen.

Für Freunde des besonders kreativen „Mind Fucks“ hätten wir noch das besonders bei Intellektuellen sehr beliebte Rorschach-Spiel. Das ist nicht etwa in dem primitiven Sinne zu verstehen, wer von Ihnen beiden den ersten Zug macht, bis endlich ein Rohr verlegt ist. Vielmehr bezieht sich dieses kleine Rollenspiel auf den berühmten Tintenklecks-, eben den Rorschach-Test. Hierbei spielt Partner A den Psychologen, der Partner B, dem Patienten, diverse Bilder von Tintenklecksen vorlegt. Diese provozieren natürlich sexuelle Gedanken, was vom Psychologen aber konsequent ignoriert wird. Zumindest so lange, bis Partner A dermaßen weichgekocht ist, dass er nicht mehr in der Lage ist, dieses Spiel aufrechtzuerhalten, sondern eigentlich nur noch ungehemmt … äh … selber Kleckse erzeugen will. Ein besonders perfides, subtiles Spiel, das enormen gemeinsamen Lustgewinn verspricht.

Schlüpfrige Gedanken sind erlaubt!

Verkleidungen sind im Übrigen sehr willkommen, verstärken sie doch noch den Eindruck, mit einem Fremden zu verkehren. Bedenken Sie aber, dass die Tarnung grundsätzlich nicht zu echt wirken sollte. Wenn sie ihm vorschwärmt, dass er sie in seiner Rolle als Postbote noch nie so gut bestiegen hat wie gestern, er aber gestern in Simbabwe auf Montage war, kann das für die künftige Beziehung ziemlich unschön sein. Und das ist ja wirklich genau das Gegenteil von dem, was wir hier anpeilen.

Das gilt übrigens auch für das Spiel „Prostituierte und Freier". Immer wieder kommt es leider vor, dass er sich mit dem Heranfahren zu viel Zeit lässt und sie bereits von jemand anderem mitgenommen wurde. Für die Haushaltskasse mag das gut sein, für die Paarharmonie eher nicht.

TIPP 5: PFLEGEN!

An sich sollte das eigentlich klar sein, aber möglicherweise schadet es nicht, noch einmal eindringlich darauf hinzuweisen: Die kritische Selbstbetrachtung sollte nicht an dem Tag enden, an dem man sich gefunden hat. Frei nach dem Motto: „Was soll ich hinter 'nem Bus her rennen, in dem ich bereits drin sitze." Ein saloppper Spruch, der die ganze Misere allerdings schonungslos auf den Punkt bringt. Menschen neigen häufig dazu, sich gehenzulassen, wenn die Beziehung erst einmal fest genug ist. Das schließt körperliche wie soziale Vernachlässigung ein.

VORSICHT

Eine kleine Liste der größten Störfaktoren für sie und ihn. Sie stört es am meisten, wenn ...

> ... er Fußnägel hat, mit denen er innerhalb von Sekunden einen Ochsen aufschlitzen könnte.

> ... er sich mit einem Waldbär die Rücken- und Hinternbehaarung teilt.

> ... er diesen ominösen Hintern in einen zwirnfadenähnlichen Tanga quetscht, der aussieht, als wolle er ein 80er-Jahre-Italo-Strand-Musikvideo drehen.

> ... er riecht, als sei er als Kind in ein Schweißfass gefallen ... in dem dummerweise auch nirgends eine Zahnbürste lag.

> ... er offensichtlich die komplette Schrankladung Aftershave seines Großvaters aufträgt.

> ... er küsst, als ginge es darum, einen Schlüssel mit der Zunge aus dem Gully zu befreien.
> ... er beim Sex offenkundig eine Ehrenurkunde oder gar olympisches Gold anstrebt.
> ... er sie durch zielgerichtetes Kneifen oder gar verbal auf ihre überflüssigen Pfunde aufmerksam macht.
> ... er ihre „bettgymnastischen Skills" mit denen seiner Ex vergleicht.
> ... er ihren Kopf mit den Händen systematisch und rhythmisch Richtung Körpermitte führt.

Damit ist sie allerdings nicht aus dem Spiel, denn auch er hat da einiges. Ihn stört es am meisten, wenn ...

> ... ihre Beinbehaarung stark an eine 70er-Jahre-Fußballikone erinnert.
> ... sie Epilation offensichtlich für eine mathematische Disziplin hält.
> ... sie ihre sexy Unterwäsche gegen den schluffi Alf-Pyjama eintauscht.
> ... sie seinem besten Stück Spitznamen wie „Prinzessin Lillifee", „Polly Pocket" oder „Willi Würmchen" gibt.
> ... sie ihm offenkundig etwas vorspielt.
> ... sie seine kopulativen Fähigkeiten explizit mit denen ihres Ex vergleicht.
> ... sie partout nicht auf seine zarten Hinweise bezüglich ihrer überflüssigen Pfunde reagiert.
> ... sie ihm konsequent den Oralsex verweigert.
> ... seine Ambitionen auf Verkehr mit permanenter Zwangsbekuschelung beantwortet.
> ... sie nach dem Sex fluchtartig das Bett verlässt, um sich so ziemlich alle Spuren von ihm runterzuduschen.

TIPP 6

Tipp 1 bis 5 beherzigen!

IMMER NOCH TAG 11: WIE VIEL PFLEGE DARF'S DENN SEIN?

Um noch einmal ein wenig dezidierter in den Bereich hineinzugehen: Die Definition von einem gepflegten Körper fällt bei allen Menschen unterschiedlich aus. Wichtig ist nur, dass Sie sich als Paar einig sind, was vertretbar ist und was nicht. Wenn er wie Öff Öff der Waldmensch leben will und sie es genießt, ihm die Milben aus der Schädelwolle zu zuzeln, dann ist das völlig legitim. Genauso kann sie es tolerieren, wenn er so viel Zeit im Bad verbringt, dass man locker auf den Gedanken kommen könnte, dass er dort gerade handschriftlich den „Urfaust" abpinnt. Ist sie ein Fan davon, dass er mehr Pflegeprodukte im Bad stehen hat als eine durchschnittliche Stadtparfümerie führt, dann ist auch das okay. Umgekehrt ist das ohnehin nicht weiter ungewöhnlich. Wichtig ist nur: Einigkeit.

Was den Geruch angeht, da muss so viel Ermahnung erlaubt sein, bis eine gewisse olfaktorische Basis geschaffen ist. Wenn der Partner ob der Gerüche seines Gegenübers ständig zwischen Ohnmacht und Schleimhautablösung hin- und hertaumelt, ist ja niemandem gedient. Und ja, auch sie darf sanft darauf hingewiesen werden, dass ein Fuß nicht grundsätzlich nach Buttersäure riechen muss. Nicht umsonst spricht man umgangssprachlich davon, sich „nicht riechen" zu können – oder eben doch.

Wer wie auf wen reagiert, lässt sich durch sprachlichen oder zumindest mimischen Austausch schnell herausfinden. Manch einer bevorzugt die schwere Variante, riecht wie das Alphatier einer brünstigen Moschusherde. Andere wiederum sind Freunde süßlicher Gerüche (womit jetzt nicht Verwesung gemeint ist). Da ist für jeden was dabei – man muss sich nur abstimmen. Gerüche transportieren Erinnerungen und Emotionen. So manch einer hat eine Frau für sich gewinnen können, weil sein Geruch sie an ihren Vater erinnerte.

In der Regel gilt für beide:
Weniger ist mehr. Wenn es zu einer wohligen Melange aus Eigengeruch und dezent aufgetragenem Parfüm kommt, dann ist das Optimum erreicht. Brutalstmögliches Übertünchen mit süßlich schwerem Parfüm gereicht zum Nachteil.

Bedenken Sie, dass Sie als Traumpaar auftreten wollen: Wenn Sie beide riechen, als hätten Sie sich eben in einem Budapester Badehaus kennengelernt, ist das definitiv nicht Sinn der Sache.

Der Bereich der Körperbehaarung ist ebenfalls einer, bei dem es keine allgemeingültigen Aussagen gibt. So gibt es Männer, die dermaßen behaart sind, dass zwar die Hunde im Freibad zum Schnuppern vorbeikommen, die aber dennoch von manchen Frauen geradezu kultisch verehrt werden. Wieder andere teilen sich den Grad ihrer Körperbehaarung mit Nacktmull, Grottenolm oder Axolotl und können ihrerseits auf reichlich Beschlafung hoffen. Sie sehen: Jeder Topf findet seinen Deckel. Es ist nur

TIPP & TOP

wichtig, als Paar darüber zu reden, welche Präferenzen man hat. So mancher Mann tut sich ohne wegweisende Behaarung schwer, die primären Geschlechtsmerkmale der Frau zu finden. Ein anderer wiederum hat's lieber blank poliert wie eine gut gewienerte Motorhaube. Findet man nur raus durch, richtig, Kommunikation.

So, und wo wir schon so weit gekommen sind, blicken wir doch noch einmal kurz in die Extreme. Wir begegnen uns quasi noch einmal an den Polen der Sexualität. Aber weil das so ein weiter Marsch ist, gehen wir das erst morgen an.

TAG 12: DIE X- UND Y-ACHSE DES KÖRPERLICHEN MITEINANDERS

Eine Beziehung, auch eine traumhafte wie Ihre, definiert sich per se nicht durch eine allgemeingültige Form des körperlichen Miteinanders. Okay, wenn die Frau alle drei Wochen mit Rippenprellungen und geschwollenem Jochbein zur Arbeit kommt, kann man davon ausgehen, dass es sich um eine schlechte Beziehung handelt. Ansonsten allerdings gibt es sehr unterschiedliche Spielarten der gemeinsamen körperlichen Auseinandersetzung. Welche davon am ehesten auf Sie zutreffen und welche außerdem nach Ihrem Geschmack sein könnten, das erfahren Sie auf den nächsten Seiten.

1 PLUS 1 PLUS X = ???

Kommen wir zu einer Sonderkategorie und der Frage „Kann eine dritte Person das partnerschaftliche Sexleben verbessern?". Das ist durchaus möglich. So manches Paar hat sich durch das Dazuholen einer dritten Person zusätzlichen Lustgewinn verschafft oder die Lust gar wieder zum Leben erweckt. Eine dritte Person bringt Schwung, denn sie sieht den Partner auf eine Art und Weise, wie man es selber aufgrund normaler Abnutzungserscheinungen schon lange nicht mehr getan hat. Im besten Fall erkennt man selbst plötzlich wieder die Vorzüge des Partners, und Verschüttetes wird neu belebt.

Leicht ist es allerdings nicht, einen solchen Wunsch vorzutragen. Auf die Frage „Was hältst du eigentlich mal von einem Dreier?" sind Antworten wie „Och, ich bin mit unserem Kombi eigentlich ganz zufrieden" nicht ungewöhnlich. Auch er hat nicht selten enttäuscht reagiert, wenn seine Frage nach einem Dreier zwar begeistert aufgenommen wurde, ihr euphorisches „Ich ruf gleich mal meinen Freund Heiko an, wann er Zeit hat", aber nicht Teil seines Planes gewesen war. Ebenso wird ihre Begeisterung peu à peu geringer, sollte sie feststellen, dass er sich beim gemeinsamen Dreier mehr beziehungsweise ausschließlich mit der anderen Frau beschäftigt. Umgekehrt ist das natürlich nicht anders.

Kommen wir zu einem weiteren Sonderfall, dem Swingerclub. Hm? Nein, Sie brauchen weder Klarinette noch Smoking mitnehmen. Wir reden hier von einer Lokalität, in der Menschen vornehmlich nackt und mit Federmaske verkehren. Wobei man „verkehren" durchaus wörtlich nehmen darf. Okay, manche geben vor, dort nur hinzugehen, weil die Schnitzel so hervorragend sind, aber das kann man getrost auch NICHT glauben. Natürlich dürfen Sie als Paar dort vorstellig werden, sollten sich aber bewusst sein, dass diese Zusammenkunft keine Tauschbörse im klassischen Sinne ist. Sie müssen Ihren Partner am Ende des Abends wieder mitnehmen – selbst dann, wenn Ihnen der andere besser gefallen hat.

Schauen wir doch mal, ob Sie schon etwas behalten haben.

DER TEST

Textaufgabe „Verbotene Triebe"

Ich kam nach Hause von meinem Job als ________________ und wollte eigentlich nur ein ____________ ______________. Glücklicherweise beließ er/sie es erst einmal beim __________, __________, __________, sodass ich tatsächlich noch Lust bekam auf _______. Vielleicht lag's auch daran, dass er/sie nach _______ _________ ______ __________ roch. Er/sie küsste mich, und dann hatten wir minutenlang wunderbaren Sex. Danach sagte er/sie „_______ _________ ________!"

AUFLÖSUNG

Topmanager(in) // bisschen kuscheln // jepp, genau, Kuscheln // Sex // was anderem als Schweiß // Ich liebe dich

Alles klar? Na, das ist doch fein.

KUSCHELN IST NICHT TÖDLICH

Immer noch gibt es sehr starke Diskrepanzen zwischen Männern und Frauen, was die Bedeutung des Kuschelns angeht.

Ein nennenswerter Prozentsatz der Männer hält dieses Ritual schlichtweg für überflüssig. Dieser Prozentsatz liegt übrigens bei circa 99,8 Prozent. Dabei wird die Bedeutung des Kuschelns massiv unterschätzt, ist es doch Ausdruck größter Zuneigung der Frau. Ähnlich wie der Blowjob beim Mann. Na ja, also fast.

Kuscheln Sie doch mal wieder!

Es ist nun mal so, dass Frauen sich eher über die emotionale Seite im Bett definieren, während Männer die Matratze, neben dem Schlafen, gerne zur Triebabfuhr nutzen. Dabei sollte er nicht vergessen, dass ausgiebiges Kuscheln ein enormer sozialer Kitt sein kann, der beide auf dem Weg zum Traumpaar deutlich weiterbringt. Natürlich ist es ein wenig unbefriedigend, wenn er ihr sanftes Heranrobben als Aufforderung zu wildem animalischem Sex wertet und dann zwangsbekuschelt wird. Vielleicht hilft ein kleiner Kompromiss: Sie lässt sich auf eine kleine Ferkelei ein, und er zeigt sich hinterher bereit, mal fünf Minuten aufs Fernsehen zu verzichten, um sich ein wenig in ihr Gefühlsleben hineinzukuscheln.
Übrigens gilt das Zeitfenster von fünf Minuten in etwa für sie und ihn. Machen wir uns nix vor: Länger wird er nicht brauchen.

DAS KANN DOCH MAL MASSIEREN …

Ach ja, die gute alte Massage. Wie viele Stunden hat sie schon beim Physiotherapeuten verbracht, wie viele Euro hat sie dort schon gelassen und sich gefragt, warum, wenn sie es doch billiger haben könnte … und irgendwann hat sie sich getraut. Getraut, den in einer Beziehung so folgenschweren Satz zu sagen: „Schatz … kannst du mich mal massieren?“

Da hat er natürlich in etwa genauso viel Bock drauf, wie mit 'nem Weidekörbchen über den Markt zu tänzeln, zumal er sich schon sieht, wie er sie die ganze Nacht durchwalken muss, bis sie eine Struktur aufweist wie ein gut abgehangenes Kobe-Rind. Aber es lohnt sich, denn: Eine entspannte Partnerin ist eine gute Partnerin. Er tut gut daran, sich diese Zeit zu nehmen. Nicht nur, dass ihm ihre Dankbarkeit sicher ist, nein, sie wird danach auch wesentlich gelöster und viel besser drauf sein. Kein Wunder – schließlich sind die Schmerzen weg.

Dazu muss man wissen: Seine Schmerzen sind in der Regel muskulären Ursprungs, entweder aufgrund körperlicher Arbeit oder Sport. Ihre wiederum basieren immer, tatsächlich IMMER auf mentaler Verspannung. Was einfach daran liegt, dass die Frau in der Regel mehr nachdenkt als der Mann. Am Ende dieses Denkprozesses steht nicht selten der Gedanke, dass er sich zu wenig um sie kümmert. Dieser Gedanke sorgt bei ihr für Unzufriedenheit, die sich wiederum in Verspannung niederschlägt. Nimmt er also buchstäblich ihr Problem in die Hand, massiert er ihr nicht nur die muskulären Probleme weg, sondern die mentalen gleich noch mit.

„Kreislauf ... weissu?"

Und da sag noch mal einer, dass sich ein paar Minuten aufopferungsvollen Knetens nicht lohnen!

SOCIALISING

TAG 13&14

TAG 13: WIR SIND DER GEILSTE CLUB DER WELT!

Jaaa, es ist nicht zu leugnen: Sie beide sind schon ganz schön weit gekommen auf Ihrem Weg zum Traumpaar. Möglicherweise hängen Sie mittlerweile schon dermaßen an- und aufeinander, dass siamesische Zwillinge gegen Sie wirken wie selbstsüchtige Egomanen. Bei all der Freude aneinander sollten Sie aber nicht vergessen, dass Sie soziale Wesen sind, die auch mal raus an die frische Luft oder, wenn Sie beispielsweise im Ruhrgebiet wohnen, zumindest mal in die Öffentlichkeit müssen. Und da kommt dieser kleine Spruch ins Spiel: „Das beste Paar, es ist nichts wert – solang's sich um sich selber kehrt."

Was gemeint ist, ist die Tatsache, dass Sie beide langsam anfangen sollten, Ihre Auftritte in der Öffentlichkeit gut zu koordinieren. Schließlich sollen ja auch die anderen mitbekommen, was für ein wunderbares Paar Sie sind! Jawohl, auch Ihre Umwelt hat ein Recht, sich an Ihnen zu erfreuen, ja, geradezu aufzurichten! Sie sind es, die künftig die emotionale Marschroute vorgeben, an denen sich andere Paare, Freunde und Verwandte orientieren. Neidvolle Blicke werden Ihnen gewiss sein. Manch einer wird glauben, Sie beide vor ein paar Tagen noch in einer ARD-Vorabendserie gesehen zu haben, so gut harmonieren Sie miteinander. Zu dick aufgetragen? Ach was – das glauben Sie bloß! Jetzt fangen wir erst einmal harmlos an …

Auf dem Weg zum perfekten Paar

GROSSE KLASSE – IN DER MASSE

Zuallererst können wir Sie beruhigen: Bei Freunden und Bekannten können Sie in der Regel entspannt auftreten – schließlich sind Ihnen diese Menschen wohlgesonnen – zumindest, wenn Sie bei denen nicht mit einem hohen fünfstelligen Betrag in der Kreide stehen. Dennoch werden auch diese Menschen nach Rissen im Gebilde suchen. Und wenn es nur deshalb ist, weil Ihre Fehlbarkeit als Paar sie selber ein wenig beruhigter schlafen lässt. Und genau da müssen Sie gegenhalten und wie eine gute Fußballmannschaft geschlossen und als Team auftreten. Zeigen Sie sich so eng verbunden, als wären sie verleimt! Seien Sie die Pattex-Twins!

Wichtig ist es deshalb zum Beispiel, dass Sie beide grundsätzlich über alles reden, was Sie umtreibt. Immer und jederzeit. Das schützt Sie vor unangenehmen Emotionseruptionen zu ungünstigen Zeitpunkten. Es gibt nichts Unangenehmeres, als wenn sich lange Schwelendes in einer an sich harmlosen Situation bei Freunden oder Bekannten Bahn bricht. Nur ein paar kleine Beispiele für den …

Kommunkations-GAU

FREUNDIN XY: „Du, sag mal, dein Mann hat ja kaum Falten."
SIE: „Ja, kein Wunder! Weil der Schlappsack nie Sport macht, drückt das ganze Fett die ja auch raus!"

BEKANNTER XY: „Deine Freundin hat ja schicke Schuhe an."
ER: „Na ja, wenn man sich die Schlappen auch nach dem Schrotflintenprinzip kauft, sind ab und an erträgliche dabei!"

FREUND XY: „Ich find das toll, wie geschmeidig deine Frau sich bewegt."
ER: „Kein Wunder – ich muss die Alte ja auch jeden Abend durchkneten wie so 'n Kobe-Rind!"

BEKANNTE XY: „Das ist ja wirklich Wahnsinn, was für lustige Geschichten dein Kerl erzählt."
SIE: „Ach, echt?! Dann hat er sich den Kaspar Hauser wohl komplett für euch aufgespart."

CHEF XY: „Am Ende war für mich klar: Ich musste sie einfach befördern!
ER: „Na ja … bei der frigiden Henne kann ich mir zumindest sicher sein, dass sie sich nicht hochgepennt hat."

Gut, okay. Die Beispiele entbehren nicht eines gewissen Humors. Aber sobald das erste Glucksen verklungen ist, bleibt dem Gegenüber nichts anderes übrig, als düstere Rückschlüsse auf Ihr Miteinander zu ziehen. Was so ziemlich das Gegenteil von dem sein dürfte, was Sie wollen.

Der strahlende Auftritt verlangt viel Disziplin, lohnt sich aber. Dabei sollten Sie sich stets bewusst sein, dass Sie ständig unter Beobachtung stehen. Nutzen Sie das, um Ihre Geschlossenheit zu demonstrieren! Im nonverbalen Bereich tun sich einige, mehr oder minder subtile Möglichkeiten auf.

Der pseudoheimliche Flirt-Blick

Dabei demonstrieren sie und er quer durch den vollen Raum, dass sie nach wie vor bestrebt sind, sich gegenseitig zu erobern. Die anderen werden auf einen hohen innerbetrieblichen Kitzel schließen.

Das gegenseitige Füttern

Diese verspielte Geste verdeutlicht zum einen, dass Sie immer darauf achten, dass Ihr geliebter Partner nicht am Existenzminimum kratzt. Zum anderen hat dieses Treiben fast unterwürfigen Charakter. Was ja wiederum absolutes Vertrauen demonstriert.

Das Haarestreicheln

Hier ist offensichtlich nach wie vor Begeisterung für den Partner vorhanden.

Der unbewusste Griff ans Gemächt/an den Hintern

Diese an sich obszöne Geste suggeriert gleichermaßen effektvoll wie zielsicher die sexuelle Atmosphäre, die offenkundig nach wie vor zwischen den Partnern herrscht. Wenn einem der ein oder andere irritierte Blick egal ist, kann man hier wohl vom „Top Move" sprechen.

Das Getränkeholen

Was man an sich lediglich als simples Bedienen werten kann, sagt so viel mehr aus: Hier begegnen sich zwei auf Augenhöhe. Keiner von Ihnen beiden ist sich zu schade, um den anderen zu bedienen. Niemand hat Angst, als der minderwertige Part wahrgenommen zu werden.

Wo wir das geklärt hätten, sollten wir noch einmal auf den verbalen Bereich zu sprechen zu kommen. Das Wichtigste ist die Geschlossenheit. Um den Fußballverein-Vergleich noch einmal zu bemühen: Im Vereinswesen demonstriert ein Präsidium in der Regel vor der Presse brutalstmögliches Hinter-dem-Trainer-Stehen. Selbst dann, wenn intern schon lange klar ist, dass man den ungeliebten Übungsleiter lieber heute als morgen im nahe gelegenen Feuerlöschteich verschwinden lassen würde.

Pokern Sie! (Oder wenn Ihnen das Spiel nicht so vertraut ist: Spielen Sie UNO … oder so.) Lassen Sie sich nichts anmerken. Fangen Sie nicht an, sich auf das Spiel der anderen einzulassen, halten Sie Ihren Laden zusammen! Dritte legen häufig, mit der Treffsicherheit von Trüffelschweinen, Konfliktpotenziale offen. Da machen Sie aber nicht mit! Und wenn es heißt, dass Sie sich dumm stellen müssen. Internes ist intern zu klären – da haben die anderen gar nix mitzureden.

Sollte es also zum Beispiel so sein, dass jemand auf einer Party Sie beiseitenimmt und bemerkt: „Huuiii, er/sie hat aber schon einen ganz schönen Kommandoton drauf, oder?“, dann werden Sie ganz sicher nicht antworten: „Ja! Endlich sagt’s mal einer! Ich hab mich auch schon mehrfach gefragt, ob er/sie unser Haus nicht zufällig mit einer Baumwollplantage oder ’nem irakischen Folterknast verwechselt. Die von der Nachbardisco haben sich schon über sein/ihr Gebrüll beschwert!“ Nein, Sie werden das Ganze lediglich mit ’nem stumpfen „Ach was. Echt?“ quittieren. Dass Sie natürlich, nachdem der Abend vorüber ist, noch einmal intensiv in medias res gehen werden, versteht sich von selbst.

Ganz unschön sind übrigens auch Witze auf Kosten des Partners. Zumindest solche, die nicht etwa auf liebenswerte Eigenheiten des Partners eingehen, sondern solche, die sich wie Salzsäure in die Stimmung des Abends fressen und den ganzen Krater zwischen Ihnen zur Begaffung freilegen. (Vergleiche mit oben genannten Beispielen.)

ER: „Ich leg hier mal kurz die Beine hoch, Schatz."
SIE: „Das ist ja auch das Einzige, was du noch hochkriegst."

Zugegeben – der Lacher ist da. Doch zu welchem Preis? Schlimmer noch als die Vorführung des eigentlich doch so geliebten Partners ist die Vorführung des Partners unter Alkoholeinfluss. Da kann ein lässig losgetretenes Schneebrett zur Emotionslawine werden. Und zwar auf eine Art, dass selbst diejenigen, die sich gerade noch über die locker, sarkastische Replik des einen Partners amüsiert haben, sich plötzlich vorkommen müssen wie im russischen Parlament. (Für die weniger gut Informierten: Dort geht es mitunter recht leidenschaftlich zu.) Zu vieles, was bisher unausgesprochen blieb, perlt mit ein paar Gläsern Bier fröhlich an die Oberfläche: „Erst wird der Alkohol angepackt, dann ausgepackt!" Machen Sie nicht diesen Fehler, lassen Sie sich nicht auf dieses peinliche Spiel ein. Wobei es echt schade um den einen oder anderen tollen Spruch von da oben wäre …

Königsdisziplin: der gelungene Auftritt

Egal. Wo wir gerade beim gelungenen Auftritt bei Freunden oder Bekannten sind, kommen wir doch gleich zur Königsdisziplin, dem Paso doble, dem gemischten Doppel des ganz großen Beziehungstennis, kurz: dem … nein, den ersten Besuch bei den Schwiegereltern klammern wir jetzt mal aus. DAS hier ist noch wesentlich komplexer (hier lauert Ihr Gegenüber nämlich noch viel mehr auf Fehler!) … wo waren wir? Also, dem Pärchenabend.

TAG 14:

ZEHN REGELN FÜR DEN ERTRÄGLICHEN PÄRCHENABEND

Der Pärchenabend ist im Laufe eines Beziehungslebens eine immer wieder zu meisternde Hürde. Nur Anfänger würden ihn als „netten Abend mit Freunden“ bezeichnen. Noheiheihein … unter der Oberfläche der ungezwungenen Gemütlichkeit im Reigen verliebter Freunde steckt viel mehr. Hier geht es vor allem um die Präsentation grenzperfekter Zweisamkeit. Um das gegenseitiges Abklopfen des amourösen Status quo. Wo stehen die – wo stehen wir? Hier kommt es auf eine Performance an, die man als Single höchstens noch vom Klassentreffen kennt. Im Bestfalle versuchen hier zwei, ein anderes Paar zu finden, mit dem sie künftig als „2-x-2-Getriebe“ durch die Weltgeschichte juckeln können. Aber bis es so weit ist, müssen Sie beide erst einmal durchs Casting. Nur Deppen würden unvorbereitet in so einen Abend hineinstolpern. Und vor allem würden nur Deppen nach diesem Päckchen weiterlesen. Wir machen hier jetzt mal Schluss, bevor Ihnen noch die Synapsen durchschmoren. Es wartet noch viel Arbeit auf uns!

Perfekt vorbereitet für den Pärchenabend

Bereit? Also los! Hier sind zehn goldene Regeln für den perfekten, na ja, oder zumindest erträglichen, Pärchenabend.

1. IST DER EINE TEIL DES PÄRCHENS EIN/E EX – NIX WIE WEX

Expartner sind für eine neue Beziehung ohnehin in etwa so hilfreich wie Weinbrandbohnen bei der Sitzung der anonymen Alkoholiker. In der Regel versucht man, in der neuen Partnerschaft die Altlasten zu vergessen. Was zumindest dann gut klappt, wenn der neue Partner sich mit der Exbeziehung nicht mehr so gut versteht.

Falls die beiden allerdings noch ein freundschaftliches Verhältnis pflegen, ist das meist nicht ganz so unkompliziert. Was der neue Partner ungern im Rahmen eines Pärchenabends vorgeführt bekommen möchte. Sollte das Ganze dann auch noch in der Wohnung des Expartners stattfinden, ist das Chaos vorprogrammiert.

VORSICHT

Zu viele Erinnerungen stecken in den vier Wänden. Zu vieles, was zu launigen Geschichten über die gemeinsame Vergangenheit anregt.

> Die gemeinsam auf dem Flohmarkt gekaufte Van-Gogh-Kopie (die man damals aufgrund des Preises noch für ein Original hielt).

> Der Globus (den er ihr geschenkt hat, weil sie Afrika partout nicht als Kontinent akzeptieren wollte).

> Der wunderschöne massive Esszimmertisch (worauf er sie damals leidenschaftlich … och, das gehört nun wirklich nicht hierher!).

Für den neuen Partner muss dieser Abend wie ein Spießrutenlauf durch das Museum zerbrochener Partnerschaftsträume sein. Also wenig erbaulich. Im Laufe der zumeist verkrampften Gespräche drängen sich zwangsläufig Vergleiche zwischen altem und neuem Partner auf. Vergleiche, auf die nun wirklich niemand scharf ist. Die Wahrscheinlichkeit, dass dieser Abend ein Erfolg wird, ist in etwa so groß, wie in einem Bus voller Rentner kein ockerfarbenes Kleidungsstück zu finden.

2. EIN NETTES PRÄSENT – AND THE NIGHT IS YOUR FRIEND!

Schon klar, dass Sie keinen Bock haben, jetzt auch noch Geld für diesen höchst überflüssigen Abend auszugeben, aber denken Sie taktisch! Es wird sich lohnen. Das Präsent, zumindest, wenn es ein Minimum an Wert besitzt, eignet sich zum einen vortrefflich, um sich bei den Gastgebern einzuschleimen. Viel besser aber noch ist es dazu geeignet, um gleich zu Beginn jedwede schmerzhafte Stille zu eliminieren, die gerne mal in solchen Situationen entsteht. Wählen Sie ein

Geschenk, mit dem sich sofort eine spannende, lustige oder rührende Geschichte verbinden lässt. So können Sie gleich verbal in Vorleistung gehen, mit einer dollen Story glänzen und müssen sich obendrein nicht gleich von Sekunde eins an den Sermon der Gastgeber anhören.

Immer geeignet: der spanische Kräuterlikör, den er am Rande seines Mallorca-Halbmarathons (eine Stunde, 40 Minuten!) gekauft hat. Der Aschenbecher aus dem Merchandise vom Sylter Promi-Wirt, wo sie sich um ein Haar lange und intensiv mit einem bekannten deutschen Talkmaster unterhalten hätte. Oder natürlich auch der Batikschal vom Dubaier Gewürzmarkt, gekauft, kurz bevor sie beide fürs Nacktbaden am Strand mit 40 Stockhieben belohnt wurden. Oder am besten gleich die apulische Karo-Tischdecke, um den massiven Esszimmertisch ein wenig zu verhüllen, knick knack, Sie wissen schon. Na, wenn das keine Knaller-Mitbringsel sind! Die restlichen sechs Stunden des Abends sind dann doch echt ein Klacks! Gut aufgepasst? Gehen Sie hier noch mal auf Nummer sicher:

Mitbringsel	**geeignet**	**ungeeignet**
Spanischer Kräuterlikör	○	○
Apfelessig aus Bad Birnbach	○	○
Aschenbecher v. Sylter Promi-Wirt	○	○
Sylter Kräuterhonig	○	○
Batikschal	○	○
Selbst gefilzte Topfuntersetzer	○	○
Apulische Tischdecke	○	○

3. MIT TOLLEN THEMEN – KEIN ABEND ZUM SCHÄMEN

Wo wir Punkt 2 gerade abgehakt hätten, ist es noch einmal Zeit, explizit darauf hinzuweisen, dass eine gute Themenauswahl das Salz in der abendlichen Buchstabensuppe ist. Und was gibt es nicht für wunderbare Themen. Es gibt allerdings auch verdammt miese. Die kleine Geschichte, wie Sie beide sich kennengelernt haben, ist jedenfalls deutlich gruppenkompatibler als eine detailverliebte Beschreibung seiner EHEC-Erkrankung.

GSSS – GUTE STORYS, SCHLECHTE STORYS

GUTE STORYS	MIESE STORYS
Der Heiratsantrag auf Capri	Seine erfolgreiche Fahrerflucht nach Alkoholkonsum
Wie sie sich um afrikanische Waisenkinder kümmert	Wie er damals tausende Anleger prellte
Die persönliche Begegnung mit diesem unmöglichen Juror aus der TV-Show	Ihre Affäre mit einem berühmten Exfußballer
Diese aufregenden Urlaubsziele – abgearbeitete und geplante	Ihre grenzgeisteskranken Eltern
Ihre geniale Geschäftsidee	Seine Spielsucht

4. DAS GEMEINSAME ZIEL: AUF EIN GUTES SPIEL!

Ein Pärchenabend gestaltet sich deutlich angenehmer, wenn beide Parteien auf ein gemeinsames Ziel hinarbeiten. Im besten Fall: auf gemeinsame (Brett-)Spiele. So kann man eingangs ganz entspannt plaudern, ohne Angst haben zu müssen, dass der Rest des Abends sich zäh wie Raclette-Käse zieht. Man weiß ja: Wenn alle Stricke reißen, kann man sofort die Spielesammlung hervorkramen und dem lästigen Konversationsdruck einen Riegel vorschieben. Na ja, und wenn erst mal gespielt wird, dann ergeben sich ohnehin genügend Gesprächspunkte. Vor allem dann, wenn es sich um eines dieser bewegungsintensiven Konsolenspiele handelt. Die koordinativen Defizite der einzelnen Teilnehmer werden die Laune aller garantiert massiv heben!

5. EINE ALLIANZ FÜRS LEBEN

Eine lebhafte Diskussion ist im Laufe eines Pärchenabends mehr als erwünscht. Dass es dabei mitunter auch hitzig zugehen kann, ist nicht ungewöhnlich. Was allerdings garantiert in die Hose geht, ist die diametral entgegengesetzte Bestätigung. Sprich: Wenn er (oder sie) die Position von ihm oder ihr auf der anderen Seite des Tisches einnimmt. Ein todsicheres Mittel, um es sich in Sekundenschnelle mit gleich zwei Personen am Tisch zu verscherzen. Und mit einer dieser beiden müssen Sie dann sogar noch nach Hause fahren. Keine wirklich gute Idee.

6. WITZE SIND WIE TEQUILA – MEHR ALS DREI VERTRÄGT KEIN ABEND …

… und damit ist zu dem Thema auch eigentlich schon alles gesagt. Selbst wenn Sie sich im Internet und mit Raststätten-Unterhaltungskassetten perfekt vorbereitet haben: Ein Witzarsenal, mit dem man locker bis 2019 durchkalauern könnte, ist eine Belastung für alle Beteiligten. Bitte beschränken Sie sich auf maximal drei gute – und die präsentieren Sie bitte fehlerfrei. Witze auf Kosten der Frisur, Figur, Einrichtung oder Lebensleistung der Gastgeber sind in etwa so angebracht, wie mit einer dreiköpfigen Ziege aufzutauchen.

Halten Sie sich im Zaum beim Witzeerzählen

7. WENN SIE DEN ABEND IN ALKOHOL EINLEGEN – DANN HÄLT ER NICHT LÄNGER

Alkohol ist eine Gesellschaftsdroge. Was allerdings nicht heißen soll, dass Sie ihn sich in Gesellschaft literweise reinkippen dürfen. Klar, ein paar Gläschen wirken durchaus belebend, lockern Stimmung und Zunge. Dummerweise neigt der Körper ab ein paar Gläsern dazu, sämtliche Kraft darauf zu verwenden, den Alkohol im Blut abzubauen. Was wiederum dazu führt, andere wichtige Teile des Körpers kaum noch zu durchbluten. (Ja, DEN auch. Aber davon ist jetzt nicht die Rede.) Was im Laufe des Abends immer schlimmer wird. Haben die Gastgeber gerade noch Ihre tollen Sprachkenntnisse bewundert, stellen sie plötzlich fest, dass das kein südkoreanischer Akzent, sondern schlicht alkoholgetränktes Deutsch ist. Ach ja, und ganz nebenbei wird auch noch gegen die Punkte 3, 4, 5, 6 und 9 verstoßen. Außerdem gegen Sitte, Moral, Anstand und die Genfer Konventionen. Im Grunde genommen auch teilweise gegen das Artenschutzgesetz – zumal Sie sich ja nur noch bedingt menschlich gebärden.

Und dann wäre da noch das oberste Gebot: Hören Sie bloß auf, sich für einen Teil des Gastgeberpärchens zu interessieren! Oder, wenn's schon sein muss:

8. VERKUPPELN SIE IHREN PARTNER MIT EINEM DES ANDEREN PÄRCHENS

9. DIE BEWERTUNG DES ABENDS ERFOLGT – ZU HAUSE

Die geradezu sensationell schlechten Kochversuche der Hausherrin, nur unterboten vom Dilettantismus ihres Partners – ein

Essen, das man eher in einem irakischen Folterknast vermutet. Eine Einrichtung, die jeder Vormittags-Krawall-Dokusoap zur Ehre gereichen würde. Ansichten und Anekdoten seitens der Gastgeber, die an ihrer Mündigkeit zweifeln lassen. Oh ja, all das sind Dinge, über die sich trefflich lästern lässt. Aber eben erst NACH dem Besuch. Sicher, grundsätzlich wird es die Gastgeber freuen, Sie beide so gut gelaunt zu sehen. Sobald die aber feststellen, dass die letzten 273 Lacher komplett auf ihre Kosten gegangen sind, dürfte die Stimmung kippen. Tun Sie sich – und den beiden schlecht gekleideten anderen Ihnen gegenüber – den Gefallen und deklinieren Sie den Abend zu Hause lustvoll durch. Sie werden feststellen, dass das nicht nur mindestens genauso viel Spaß macht. Nein, das hat sogar den Vorteil, dass die beiden anderen sich nicht mehr verteidigen können. So sind Ihrem ungerechten Urteil und den haltlosen Übertreibungen keine Grenzen gesetzt.

Daheim dürfen Sie sich getrost totlachen

Sie werden begeistert sein, wie positiv sich das gemeinsame Lästern über gekachelte Couchtische, Sojabratlinge oder Marionetten auf der Sofalehne auf Ihren Zusammenhalt auswirken wird. Die Nachlese des Schnupperbesuchs bei den beiden Halbversagern in ihrer Doppelhaushälfte wird ein Fest, ganz klar!

10. WENN DER ABEND SCHLIMM WAR – MACHEN SIE DEN COPPERFIELD

Hm? Neeeein, damit ist natürlich NICHT gemeint, dass Sie die Frau des Gastgebers zersägen sollen! Sie sollen sich eigentlich nur rar machen. Also, so richtig. Werden Sie zu

Luft! Erst einmal lassen Sie sich bei der Verabschiedung auf KEINEN FALL auf einen weiteren Termin festnageln. Dann nehmen Sie zumindest noch den nächsten Anruf entgegen – aus reiner Höflichkeit. Ab dann verhalten Sie sich wie ein Mafia-Kronzeuge – nur wesentlich vorsichtiger: kein Kontakt, keine Daten, keine Spuren. Denn … machen wir uns nix vor: Jeder Abend mit Betonschuhen am Grund des lokalen Flusses ist angenehmer als ein einziger bei diesem langweiligen Pärchen.

GEMEINSAME AKTIVITÄTEN

TAG 15–17

TAG 15: EINFÜHRUNG IN DIE GEMEIN-SAMEN UNTERNEHMUNGEN

Was soll man da groß sagen. Es gibt einen bestimmten Zeitpunkt, ab dem kommt man auch als Traumpaar mit Sex und guten Gesprächen allein nicht weiter. Man muss ein gemeinsames Entertainment-Gerüst aufbauen. Ist vielleicht nicht ganz fair von uns, diesen Tag mit so einem „Downer" zu beginnen – aber so haben Sie's schnell hinter sich.

SIE HABEN DIESE ELTERN MITGEHEIRATET – DA MÜSSEN SIE JETZT DURCH!

Okay, zugegeben. Den Besuch bei den Schwiegereltern hätten wir genauso gut im Kapitel „Socialising" abarbeiten können. Aber die Grenzen zwischen den verschiedenen Themengebieten sind ohnehin fließend. Oder finden Sie nicht auch, dass Sex ebenfalls so eine Art „gemeinsame Unternehmung" ist? Eben. Aber wir schweifen ab.

Der Besuch bei den Schwiegereltern gehört zu den anspruchsvollsten Aufgaben, denen man sich im Laufe eines Beziehungslebens zu stellen hat. Und das immer wieder. Die Schwiegereltern sind ein stetiger TÜV (teilweise überkritischer Vorstand): mit wachem Auge und absolut willens, unter sechs Augen die Schwächen der Schwiegertochter beziehungsweise des Schwiegersohns schonungslos aufzuzeigen. Wenn's gut läuft. Mit ein bisschen Pech sitzen Sie sogar noch dabei und werden diesen Nachmittag als so angenehm empfinden wie ein Scherbengericht (nein, das ist nix zum Essen!).

Es sind vor allem immer die gleichgeschlechtlichen Parts, die einen besonders gnadenlos beäugen, sprich:
ER > ihr Vater
SIE > seine Mutter.

Das verwundert wenig, schließlich haben Sie „mein kleines Mädchen“ beziehungsweise „unser kleines Scheißerle“ eingesackt. Da möchten die Eltern schon wissen, wem sie das Prachtstück scheckheftgepflegt übergeben haben. Das ist sicherlich keine besonders angenehme, aber mit ein wenig Akribie doch problemlos zu meisternde Situation. Egal, ob Sie jetzt Mann oder Frau sind. Wenn Sie folgende Punkte beachten, dann wird diese gemeinsame Unternehmung 1.000-fach wiederholbar sein und möglicherweise sogar Spaß machen. (Okay … Letzteres war gelogen, aber wir wollen ja positiv bleiben.)

Outfit
Man darf doch davon ausgehen, dass Sie Ihr Partner darüber informiert hat, welcher sozialen Schicht Ihre Schwiegereltern angehören. Das hat natürlich starken Einfluss darauf, wie Sie sich anziehen werden. Sollte es sich etwa um Akademiker oder Banker handeln, so ist ein lockeres Business-Outfit gar nicht verkehrt. Rock und Perlenkette beziehungsweise Jeans, Sakko plus Hemd. Das alles können Sie sich übrigens getrost sparen, wenn die Schwiegereltern eher im unteren Achtel der Gesellschaft angesiedelt sind. Falls Sie dort im Business-Outfit auftauchen, wird man Sie höchstens für jemanden vom Sozialamt oder dem Inkassobüro halten. In beiden Fällen wird der Empfang wenig herzlich ausfallen.

Irgendwo zwischen diesen beiden Polen werden sich Ihre Schwiegereltern schon befinden, und mit einer Jeans und einem legeren Oberteil können Sie im Grunde genommen gar nichts falsch machen – zumindest, solange Sie die Tattoos an Ihrem Hals kaschieren und circa 100 Prozent der Piercings aus Ihrem Gesicht entfernen.

Gastgeschenk

Wie schon im Kapitel „Pärchenabend" beschrieben, kann ein Gastgeschenk ein tolles Schmieröl im Getriebe sein. Mit ein bisschen Fantasie (oder guten Informationsquellen) können Sie gleich das richtige auswählen und Interesse am Schwiegervater beziehungsweise der Schwiegermutter signalisieren. Oder wenigstens heucheln. Klar, eine Warnweste von der Tankstelle kann man immer gut begründen, aber so richtig mit Liebe gekauft ist die nicht, oder? Na ja, und die Weinbrandbohnen für den Schwiegervater sind an sich auch nicht verkehrt – hätten sie allerdings genauer aufgepasst, dann würden Sie wissen, dass die Dinger ihn als trockenen Alkoholiker ganz schön reinreißen können. Machen Sie sich einfach ein bisschen kundig über Ihre (künftigen) Schwiegereltern …

Themen

Bei der Auswahl der Gesprächsthemen im Laufe eines solchen Besuchs sollten Sie auf die Weisheiten guter Hoteliers und Kellner vertrauen, die da besagen: keine Religion, kein Sport, keine Politik! Das bringt nur Ärger. Ärger, der sich übrigens auch nicht durch die tolle Anekdote abmildern lässt, wie Sie damals im taiwanesischen Badehaus den Bordellbe-

Vorsichtig sein beim Besuch der Schwiegereltern!

sitzer clever abgezockt haben – das war zwar verdammt gewitzt, will aber hier irgendwie keiner hören.

TIPP

Lenken Sie den Fokus besser auf Teile der Einrichtung – zum Beispiel …

- … auf den getöpferten stilisierten Watussi-Krieger …
- … oder die Bienenwachskerze mit dem Konterfei von General Jaruzelski – bestimmt fallen den Schwiegereltern dazu dolle Geschichten ein! Davon ab freuen Sie sich, dass Sie so viel Interesse an ihnen und ihrer hochbewegten Historie zeigen.

Sie können natürlich auch, ganz perfide, gezielt nach Geschichten aus der Kindheit Ihres Partners fragen. Die Eltern werden begeistert Auskunft geben, Sie sind aus der Schusslinie – und im besten Falle haben Sie noch etwas, was Sie später gegen ihn oder sie verwenden können.

Essen

Alles ist lecker. ALLES. „Mein Gott, wie toll kannst DU denn bitte kochen, Schwiegermama?!" – ein Satz, der Ihnen auch gerne entfahren darf, wenn das frisch Aufgetischte in etwa die gleichen geschmacklichen Features aufweist wie ein Pfund handelsüblicher Rindenmulch. Gilt natürlich genauso, wenn „Papa" kocht. Viel häufiger allerdings passiert es, dass Papa zahlt – im Restaurant. Das tut Papa vornehmlich, um in den wenigen Momenten, die ihm noch geblieben sind, zu zeigen, dass er noch in der Lage ist, den „Stamm" zu versorgen. Insofern sollten Sie ihm auf jeden Fall die Freude lassen und nicht versuchen, ihn mit Ihrer goldenen, schwarzen oder gläsernen Kreditkarte auszustechen. Was allerdings nicht heißt, dass Sie deshalb auch die Speisekarte rauf- und runterbestellen sollen. Das ist erstens unhöflich und zweitens: Vielleicht ist dem Papa die Rolle als Stammesernährer ja gar nicht so wichtig, und er lässt Sie zahlen? Hm? Bock drauf? Nee, nee.

Verhalten allgemein

Hierzu gibt es an sich nicht mehr so viel zu sagen, höchstens vielleicht, dass Sie emotional nicht zu stark ausschlagen sollten. Belachen Sie die lustigen Geschichten der Schwiegereltern genauso wenig heftig, wie die anrührenden Anekdoten Sie nicht gleich zum Heulen bringen sollten wie 'n „Titanic"-Hattrick. Was Ihr Verhalten untereinander betrifft, dürfen Sie auch vor den Schwiegereltern Harmonie und Innigkeit zeigen. Allzu heftiges Getatsche, obszöne Küsse oder gar spontaner Beischlaf auf Schwiegerelterns Couchtisch sollten Sie dagegen einfach unterlassen. Wenn Sie diese Tipps beachten, wird der (erste?) Besuch bei den Schwiegereltern locker und entspannt über die Bühne gehen. Im Bestfalle schlagen sich die beiden sogar auf Ihre Seite – was in Krisenzeiten sehr wichtig sein kann.

So. Hätten wir das auch. Verarbeiten Sie das Ganze erst einmal emotional. Morgen ist auch noch ein Tag.

TAG 16:

FUNDAMENTALES ZUR GEGENSEITIGEN BESPASSUNG

Kommen wir an diesem neuen Tag zu ein paar Unternehmungen, die Sie sich im Zweifel gemeinsam ausgedacht und an denen Sie beide zu gleichen Teilen Spaß haben (können):

GEMEINSAM GEKOCHT – NOCH MEHR GEMOCHT!

Es dürfte auch Ihnen nicht entgangen sein, dass die Menschheit gefühlte 1,6 Millionen Jahre und drei Tage nach der Entdeckung des Feuers den Reiz des Kochens für sich entdeckt hat. Rund 8.367 Kochshows im deutschen Fernsehen stützen die These, dass es sehr beliebt ist, auf dem kulinarischen Schlachtfeld zu spielen. Warum also nicht ein wenig mitspielen und das paarstiftende Element des Kochens für sich nutzen? Gehen Sie auf den Markt! Ja, natürlich! Stellen Sie sich den Wecker, um gleich um halb fünf als Erste/r den noch mit Tau benetzten Fenchel zu greifen und in das Weidenkörbchen zu legen.

Kann es etwas Schöneres geben als den gemeinsamen Beutezug? Zumal die gemeinsame Jagd auf die frischen Waren ja erst der Auftakt ist!

Liebe geht bekanntlich durch den Magen. Aber bitte nicht verwechseln: Es könnten auch nur handelsübliche Blähungen sein. Kochen weckt den gemeinsamen Spieltrieb und befriedigt das kindliche Verlangen, irgendwelche Dinge zusammenzumanschen. Am Ende ist man erstaunt über, angewidert von oder sogar begeistert vom gemeinsamen Ergebnis. Aber das Wichtigste ist: Es ist eben ein *gemeinsames* Ergebnis. Selten galt ein Sprichwort so sehr wie beim Kochen: „Der Weg ist das Ziel." Und genau so ist es. Das gemeinsame Ausleben der Kreativität schweißt zusammen und macht Spaß.

Für Einsteiger eignen sich besonders Wok-Gerichte: In diese asiatische Blechvase kann man im Grunde genommen alles reinschmeißen, was einem links und rechts vom Verfallsdatum begegnet, Sojasoße drauf – am Ende schmeckt's irgendwie immer. Obendrein hat man das Gefühl, durch die vier, fünf asiatischen Gewürze, die Sprossen und die Austernsoße noch was für die Potenz getan zu haben – letztlich führt der Abend unweigerlich zum Beischlaf.

VORSICHT

Andere Küchen eignen sich natürlich ebenfalls. Man sollte nur aufpassen ...

> ... den Sahneanteil der Speisen gering zu halten, da sonst eine gewisse lähmende Verdauungsschwere einsetzt, die späteren Beischlaf nahezu ausschließt.

> ... sich nicht zu sklavisch an die Vorschriften im Buch zu halten. Also, an die im Kochbuch (an die in diesem Buch schon!), da die Zutatenzusammensetzung in solchen Gourmetfibeln mitunter an Quantenphysik erinnert und Sie beide am Ende mehr stressen und verwirren könnte, anstatt für Spaß und Lustgewinn zu sorgen. Wir sind hier ja nicht im Mensa-Verein! (Nein, der hat ausnahmsweise mal nix mit essen zu tun.)

Apropos: Tatsächlich gibt es diverse aphrodisierende Speisen oder Zutaten wie Ingwer, Ginseng, Austern, Spargel oder Schokolade. Allerdings sollten Sie speziell Letztere in Maßen genießen, da bei Ihrer Optik sonst auch zwölf Ginsengwurzeln nix mehr beim Partner ausrichten können. Und sich aus reiner Experimentierfreude Piri-Piri-Schoten in den Unterleib rubbeln – das lassen wir auch mal lieber, oder?

Mit Freude und Experimentierlaune kann gemeinsames Kochen viel Spaß machen und dazu anspornen, sich immer höhere, gemeinsame Ziele zu stecken. Und, ganz ehrlich, was kann es

Schöneres geben, als im Freundeskreis als brillantes Kochduo zu gelten?

GEMEINSAM FIT – UND DAS PAAR IST DER HIT!

Gemeinsamer Sport kann für Paare eine wunderbare Sache sein. Schließlich steht hier der Teambuilding-Charakter stark im Vordergrund. Nicht umsonst schicken Firmen ihre Mitarbeiter gleich zu ganzen Teambuilding-Wochenenden. Dummerweise stellen sich diese Wochenenden nicht selten als Badehaus-Kopulationsaufenthalte in Ostblock-Rotlicht-vierteln heraus, aber das tut hier eigentlich nichts zur Sache. Nur vordergründig dient gemeinsamer Sport der körperlichen Fitness. Das natürlich auch, und niemand wird bestreiten wollen, dass ein trainierter Körper gleich ganz neue Anreize dafür schafft, sich dem Partner sexuell zu nähern. Viel wichtiger allerdings ist, dass gemeinsamer Sport zusammen*schweißt* – das dürfen Sie tatsächlich gerne doppeldeutig interpretieren.

Sport schweißt zusammen

Auch hier arbeiten beide auf ein gemeinsames Ziel hin. Nehmen wir uns einfach spaßeshalber ein paar Klassiker der Sportarten vor.

Fahrrad fahren

Die gemeinsame Radtour ist so alt wie die Menschheit selbst. Na ja, okay, zumindest wie die Menschheit seit der Erfindung des Rades. Eine Radtour bietet die Gelegenheit, gemeinsam die Natur, die Gegend, die Siedlung, das Neubaugebiet, die Autobahn (?!) zu erkunden, ohne sich zu sehr körperlich anstrengen zu müssen. Zumindest, solange Sie nicht mit jemandem zusammen sind, der schon drei Tage vor der gemeinsamen Radtour mit der Eigenbluttherapie beginnt. Ansonsten ist das Radfahren eine wunderbare Gelegenheit, um gemeinsam durch die Gegend zu fahren und sich gegebenenfalls bei einem gemeinsamen Picknick auf einer bewaldeten Lichtung näherzukommen. Davon ab kann man bei der erhöhten Promillegrenze auch ruhig mal ein Glas Wein mehr trinken, als wenn man mit dem Auto unterwegs ist. Ein Glas, keine Flasche!

Anfänger können gerne noch mit zwei Fahrrädern starten – hier gibt es, wie Sie ja mittlerweile wissen, ganz wunderbare Utensilien, die Sie hocheffektiv als Pärchen ausweisen. Bevor Sie sich aber aufs Fahrrad schwingen, machen Sie eine Inspektion in Ihrem Kleiderschrank …

Checkliste	☑
Pärchen-Fahrradschuhe	☐
Pärchen-Fahrradhosen	☐
Pärchen-Trinkbecher	☐
Pärchen-Fahrradhelme	☐
Pärchen-Fahrradübergangsjacken (ein Wort, so lang wie Ihre glückliche Beziehung!)	☐

Profis steigen jedoch bald um auf das Tandem. Das Tandem – Aluminium gewordene Zweisamkeit. Hier demonstrieren zwei nicht nur in, sondern vor allem auf dem richtigen Rahmen, dass sie zusammengehören und ein gemeinsames Ziel verfolgen. Hier will keiner dem anderen etwas beweisen.
Tatsächlich werden Radtouren immer noch zu häufig von Männern dazu missbraucht, ihren Frauen zu zeigen, wer den

längeren Atem und den härteren Antritt hat. Das kann es doch nicht sein. Wenn es auch Fälle gibt, in denen sie ihm davonfährt, dann ist die Dunkelziffer hier hoch.

Golf

Nein, hier geht es nicht um das gemeinsame Hinwerkeln auf die Autotuning-Messe, sondern tatsächlich um den Golfsport. Wie? Das ist gar kein Sport? Na, dann latschen Sie mal die vollen 18 Löcher mit der Schlägerkarre an den Hacken das Grün rauf und runter! Beim Golf werden richtig (Kilo-)Meter gemacht! Ganz nebenbei geht es dabei in erster Linie um Technik und weniger um Kraft – insofern haben beide Partner dieselben Chancen auf Erfolg. Kraft ist eigentlich nur an einer Stelle wichtig: Wenn es darum geht, vor Wut den Schläger zu zerdeppern. Da sollte er ganz Gentleman sein und ihr diese kraftraubende Aufgabe beziehungsweise den Schläger im Zweifel abnehmen.

Das Schöne am Golf ist die Tatsache, dass man für gewöhnlich wenig schwitzt – es sei denn, Sie spielen gerade in Dubai oder sind ein deutschlandweit bekannter Exfußballmanager aus Leverkusen. Das wiederum bedeutet, dass man nicht in abgeranzten, saugstarken Lumpen spielen muss, sondern sich geradezu feinmachen kann. Die fliederfarbenen Knickerbocker, die apfelgrüne Bluse, das frech bedruckte Poloshirt aus dem Merchandise der Sylter Kult-Strandbar – ja, das alles geht. Genau wie Sie auch. Was fit hält und Sie beide im Zweifel auf die anderen wirken lässt wie Batman und Robin mit 9er-Eisen. Da können die anderen nur neidisch werden. Vor allem, wenn Sie sich wirklich bemühen und ernsthaft an Ihrem Handicap arbeiten – womit jetzt mal ausnahmsweise nicht der Partner gemeint ist.

Tennis

Das Golf der 80er. Mensch, das waren noch Zeiten, als ganz Filzballdeutschland die beiden größten, nationalen Tennisikonen miteinander kreuzen wollte – bevor man später erkannte, dass das aus vielerlei Gründen eine Schnapsidee gewesen war. Tennis hat, ähnlich wie Golf, den Vorteil, dass Kraft nicht ganz unwichtig ist, aber die Technik im Vordergrund steht. Hier kann jemand, der qua Genetik weniger Dampf entwickelt, den anderen dennoch ganz schön rennen lassen. Hat man sich erst einmal miteinander auf ein gewisses Level gespielt, kommt das, was man immer noch als die Königsdisziplin im Breitensport bezeichnen kann: „Das gemischte Doppel“ – wird im Rheinland zwar in diversen Hinterzimmern anders interpretiert, diese Variante soll aber an dieser Stelle keine Rolle spielen.

Beim gemischten Doppel kann man mal völlig ungeniert einem mittleren bis größeren Publikum zeigen, wie großartig man als Pärchen funktioniert.

Man hat sogar die Möglichkeit, andere Paare auf die Plätze zu verweisen. Und das ganz, ohne beleidigend zu werden (na ja, zumindest, solange Sie nicht gerade mit John McEnroe antreten). Hier stehen zwei, die füreinander rennen, grätschen, hechten, kämpfen und schmettern – nur Blinde würden da nicht auf die restlichen 97 Prozent Ihrer Beziehung schließen wollen. Wurde hier schon erwähnt, dass man nach einem anstrengenden Tennismatch ganz hervorragend zusammen duschen gehen kann? Knick knack, Sie wissen schon.

Jogging

Eines gleich vorweg: Dass Joggen ja so unheimlich viel Spaß macht, ist natürlich absoluter Unsinn. Wie bitte? Das soll so unfassbar viele Glückshormone ausschütten? Aha? Warum gucken denn alle Jogger dann immer so, als würden sie gerade ein Pfund Rasierklingen in der Harnröhre spazieren tragen? Eben. Nein, nein, Jogging ist per se kein großer Spaßtank. Aber tatsächlich kann man es schaffen, zusammen nah an etwas heranzukommen, was Spaß nicht ganz unähnlich ist. Hängt natürlich auch ein bisschen von der Strecke ab – der Hamburger Elbstrand ist sicherlich attraktiver als das Bahnhofsviertel von Ludwigshafen. Das Gute am gemeinsamen Joggen ist der Umstand, dass sich hier zwei gegenseitig mitziehen (jetzt bitte nicht wörtlich verstehen) und animieren, nicht lockerzulassen.

Gemeinsam durchs Leben joggen

So ist die Motivation natürlich gleich eine ganz andere. Wer will schon vor dem Partner aufgeben? Und dennoch strahlt man Vertrautheit aus – nach innen und außen. Schließlich kümmern sich hier zwei umeinander, schauen nacheinander wie treue Hütehunde. Übrigens hat das gemeinsame Jogging auch erotische Vorteile: Wer gerade hinten liegt, kann dem Partner (natürlich nur dem!) lange und genüsslich auf den Hintern gucken.

Als Laufstrecke empfehlen wir circa acht Kilometer bei ungefähr 40 bis 45 Minuten Laufzeit. Schließlich soll das ja eine ganz entspannte Runde werden und kein Totenkopfmarsch. Für gewöhnlich können sich auch beide Partner auf dieses Maß einigen. Ach, Sie sind mit einem 45 Kilo schweren Kenianer verheiratet? Na, herzlichen Glückwunsch!

Falls Ihnen das Joggen partout zu anstrengend sein sollte oder Ihre Gelenke ohnehin schon seit längerer Zeit die Symphonie der Vernichtung pfeifen, empfiehlt sich die etwas abgespeckte, entschleunigte Variante, das sogenannte …

Walking

Haben Sie Lust, durch die Gegend zu irren wie ein verwirrter finnischer Langläufer, der immer noch nicht begriffen hat, dass ihm schon vor Stunden die Bretter im Gehölz stecken geblieben sind? Sagen wir's mal so: Den Partner aufzufordern, mit ihm walken zu gehen ist auf jeden Fall ein sehr effektiver Test. Sagt der Partner Ja dazu, mit Ihnen den lokalen Asphalt kaputt zu stöckeln, kann man das als ultimativen Liebesbeweis werten.

SINNVOLLER PAARSPORT	SINNLOSER PAARSPORT
Golf	Boxen
Tennis	Rugby
Jogging	Wrestling
Walking	Lkw-Ziehen
Skilaufen	Fingerhakeln
Eislaufen	Ultimate Fighting
Schaulaufen	Russisches Roulette
Formationstanz	Pfahlsitzen

IN JEDER BEZIEHUNG EINE LOBBY – DAS HOBBY

Schon klar, dass Sie beide das beste Paar der Welt sind. Dennoch kann es durchaus mal passieren, dass man sich nicht so wirklich viel zu erzählen hat. Peinliche Schweigephasen (irgendwo zwischen zehn Minuten und 23 Jahren) lassen sich ziemlich gut mit einem gemeinsamen Hobby überbrücken. Das kann, natürlich, Sport bedeuten. Aber auch wer einen Blutdruck hat wie eine Ölbohrpumpe oder einen Bewegungsradius wie ein Flugzeugträger, muss nicht auf gemeinsame Unternehmungen verzichten. Kochen haben wir bereits abgehakt, Sport ebenfalls. Blieben noch Hobbys wie zum Beispiel …

Finden Sie ein gemeinsames Hobby

Tanzen

Logisch, Tanzen kann man genauso gut unter „Sportarten" auflisten. Aber dort haben wir schon Golf stehen – und zweimal wollten wir Ihnen jetzt wirklich kein Alibi verschaffen. „Nach dem Essen sollst du ruhn – oder tausend Schritte tun" – diese putzige alte Weisheit ist zwar mehr und mehr von Espressi oder Kräuterlikören auf die hinteren Plätze verwiesen worden. Dennoch steckt zum einen ernährungstechnisch viel Wahrheit drin. Zum anderen aber, und darum geht's ja hier, können Sie und Ihre bessere Hälfte sich zum Beispiel auf einem Bankett oder ähnlichen gesellschaftlichen Anlass maximalen Respekt ertanzen. Und zwar auf dem buchstäblichen gesellschaftlichen Parkett.

Fast nicht zu bezahlen, dieses gute Gefühl, im Beisein anderer zu zeigen, was man als Paar so rhythmisch draufhat. Da weht plötzlich der Geist von Rogers und Astaire durch den Saal, von Swayze und der anderen, der mit der Nase da. Als Plus wird dann noch zusätzlich viel sexueller Einklang in das Ganze hineininterpretiert – kann ja nicht schaden. Mag sein, dass man sich vor dem anstehenden Tanzkurs fürchtet – aber beide profitieren davon: Er wird dazu angehalten, an seinem Körpergefühl zu arbeiten und auf sie achtzugeben. Und sie … muss endlich zulassen, sich von ihm führen zu lassen. Das ist getanzte Harmonie!

Fotografieren

„Wer mit wachen Augen durchs Leben geht, hat mehr davon." Das hat mal ein sehr berühmter Mensch gesagt. Möglicherweise auch nicht. Stimmt aber dennoch. Erstaunlich, wie sehr das gemeinsame Dasein gewinnt, wenn beide sich dazu erziehen, die Schönheit ihrer Umgebung zu suchen, zu sehen – und dann sogar festzuhalten. Fotos sind Papier gewordene Erinnerung – zumindest, wenn man sich nicht komplett dem digitalen Zeitalter ausgeliefert hat.

Sicherlich, eine professionelle Kameraausrüstung ist wahrlich nicht besonders günstig. Auf der anderen Seite bietet mittlerweile jedes durchschnittliche Fotohandy eine Bildqualität, mit der man früher nur eine Adlige abgelichtet hätte. Wer fotografiert, kommt nicht umhin, auf Dauer seinen Aktionsradius zu erweitern und schönen Orten entgegenzuhechten – zumindest, wenn man nicht gerade einen 1.021-seitigen Bildband über Stromkästen in der Uckermark (im Nordosten von Brandenburg) plant. Ein tolles Hobby, was häufig geradezu untrennbar mit einem anderen verbunden ist, dem …

Reisen

Wie oben bereits angerissen, hat nur weniges so zusammenleimenden Charakter wie gemeinsame Erinnerungen. Und ewig über den Strafzettel beim Falschparken in der Kasseler Einkaufsmeile zu sprechen ist dann ja doch ein wenig dünn. Reisen bildet … eine Allianz (im Zweifel) fürs Leben. Das kann sich ausschließlich auf begeisternde Erlebnisse wie den gemeinsamen Sprung von einem Wasserfall auf Ko Samui beziehen. Muss aber nicht. Auch zusammen in einem bengalischen Knast auf die Verkündung des Strafmaßes zu warten kann durchaus zusammenschweißen. Ist aber weniger toll als die Sache mit dem Wasserfall, zugegeben.

Gemeinsames Reisen schafft unvergessliche Momente

Paare, die gemeinsam reisen, atmen den Wind der Geschichte, fühlen sich wie Magellan, da Gama, Rust und die ganzen anderen großen Entdecker.

Hier machen sich zwei auf, die Welt zu entdecken, um später ihren Kindern und Enkelkindern erzählen zu können, was Mama und Papa beziehungsweise Oma und Opa für waghalsige Teufelskerle waren … Ach, Sie haben bereits Kinder und sind seit 'nem halben Jahr unterwegs? Rufen Sie die ruhig mal an – die freuen sich sicher!

So, und wo wir Sie so schonend an das Thema herangeführt haben, widmen wir der gemeinsamen Reise noch einmal ein paar extra Absätze. Allerdings erst morgen, wenn Sie ausgeschlafen, frisch und munter sind.

TAG 17:

WENN EINER EINE REISE TUT, MUSS IHN DAS NICHT QUÄLEN

Ach ja, Urlaub. Die Zeit, auf die circa 92 Prozent aller Deutschen panisch hinarbeiten. Der Jahresurlaub bedeutet so manchen alles. Und bei Jobs wie Kohlenschlepper, Versicherungsmakler, Steinmetz oder Prominentenbetreuer ist dieser zeitlich begrenzte Eskapismus durchaus berechtigt. Umso schöner, wenn einem der Ausblick auf diese gemeinsame Zeit nicht in Panik versetzt, sondern in schiere Vorfreude. Gemeinsames Abgammeln oder auch das schlichte Hineinschlüpfen in eine fremde Kultur kann so viel Spaß machen. Wenn man sich versteht! Wenn nicht, kann einem die Zeit so lang erscheinen wie eine Tingeltour mit einer ostdeutschen Bauchtanztruppe.

Gemeinsamer Urlaub kann Spaß machen

„Sich verstehen" bedeutet hier tatsächlich „verstehen" im eigentlichen Wortsinne, weniger vertragen – wobei auch das von Vorteil ist. (Mit einem halben Suppenteller im Hinterkopf kann die Qualität des gemeinsamen Urlaubs durchaus abnehmen.) Ich als Partner muss wissen:

Was will mein Gegenüber? Und wie weit bin ich in der Lage, ihm entgegenzukommen?

Die Annäherung darf aber nur bis zu einem gewissen Grad stattfinden, damit aus dem Kompromiss kein Kompro-Mist wird. Gelungenes Urlaubsmanagement sieht in etwa so aus …

BEISPIEL

Er will Wanderurlaub – sie jedoch drei Wochen entspannt am Strand herumliegen und lesen. Da gibt's nur eins:

> Er wählt ein Hotel aus, das möglichst weit entfernt vom Strand liegt, und gestaltet ihr so tagtäglich eine möglichst abwechslungsreiche Wanderung zum Meer hin. Huiiii, da haben beide Spaß.

> Häufig ist die oben genannte Anstrengung gar nicht nötig: Einfach im Katalog ein Hotel mit der Beschreibung „in Strandnähe" aussuchen – da machen sie auf dem Weg zum Meer automatisch Meter, die für drei Goldplaketten beim Wanderverein reichen!

> Falls er sich mit seiner Idee partout nicht durchsetzen sollte, kann sie als Kompromiss am Strand ja zumindest ein Buch übers Wandern lesen (geht schnell – sind viele Bilder drin!).

Sofern sich die Partner darüber im Klaren sind, wie sie beide ticken, steht einem fantastischen Urlaub nicht mehr viel im Wege. Ist er Wasser-Phobiker, sollten Sie das Clubschiff besser streichen (jaaa, auch trotz Captain's Dinner!). Ekelt sie sich vor Insekten, dann ist ein dreiwöchiger Zelttrip durch Tasmanien nicht das Richtige. Übrigens: Eine Begründung wie „Du hast nur was von Insekten gesagt – nicht von Spinnen! Die sind nämlich keine!" wirkt nur in den seltensten Fällen deeskalierend. Ohnehin sind Frauen für Campingurlaube und Zeltreisen eher selten zu begeistern.

Dafür haben Männer in der Regel ein angespanntes Verhältnis zu Cluburlauben, in denen der Spaß anderer Leuts Kinder im Vordergrund steht. Sie dürfen nicht vergessen, dass der Anblick anderer Männer, die von ihren Frauen zu kastrierten, östrogenbetankten Kindsbespaßern degradiert wurden, IHN zutiefst verstört. Schließlich sitzt die Angst vor der Entmannung bei ihm als nimmersattem Jungrüden ganz tief. Davon ab, ist eins ja auch mal klar: Blagen können unfassbar nerven – vor allem die der anderen. Wenn Sie erst einmal zum 20. Mal einen Wasserball im Gesicht hatten, werden Sie sicher zustimmen.

Beschreiten Sie den Mittelweg! Sind Sie im Cluburlaub, geben Sie ihm die Möglichkeit, beim Volleyball die komplette Palette seiner Unfähigkeit auszubreiten. Spendieren Sie ihr einen Wellnesstag im Spa (hat auch den Vorteil, nicht selber kneten zu müssen – Himmel, ist das anstrengend!) oder buchen Sie eine gemeinsame Quad-Tagestour zu den Pyramiden. Also, wenn Sie in Ägypten oder Mexiko sind. In Norwegen findet man die eher selten im Angebot.

ZWEISAM EINSAME SPITZE!

TAG 18–20

Auch wenn wir hier zu einem heiteren Kurs einladen, durch den Sie in 30 Tagen zum Traumpaar werden, bedeutet das nicht, dass Sie künftig nur noch Zeit gemeinsam verbringen. Zumal das der gemeinsamen Sache sehr abträglich wäre. Im Folgenden geht es darum, herauszufinden, wie viel Nähe für Sie beide gut ist und wo es nötig ist, heilsame Distanzen zu schaffen.

TAG 18:

WER SIND WIR? UND WENN JA, WIE VIELE?

Eine Beziehung ist wie eine Jeans. Anfangs sitzt sie fantastisch. Später allerdings beult sie aus, und man hat deutlich weniger Spaß an ihr. Bis man die nächste sieht, die viel besser sitzt … aber nach einiger Zeit genauso ausgebeult ist. Kein Wunder – steckt ja auch dieselbe Person drin. Warum steht das hier? Weil der Spaß an einer gemeinsamen Beziehung auch bedeutet, den anderen so zu nehmen, wie er beziehungsweise sie ist. Klar, sicher, natürlich kann man aneinander arbeiten, aneinander feilen, ja, mitunter sogar den Schwingschleifer ansetzen, aber: Man muss auch loslassen können. Falls Sie Ihren Partner gerade am Rande einer Klippe festhalten, vergessen Sie den letzten Satz.

So. Wo waren wir? Ach ja, nur, wer es schafft, dem Partner Eigenständigkeit und Freiraum zu gewähren, kann die Zweisamkeit auf gesunde Füße stellen: „Ein langes Band zusammenschweißt, die kurze Leine gerne reißt."

Vorweg sollte man gleich festhalten, dass es gar nicht entscheidend ist, ob man die Freiräume und Eigenheiten des

Partners gut findet oder nicht. Hier gilt das Toleranzprinzip. Gut, wenn er Finanzbeamter ist und ein Doppelleben als kampfhundschwingender Goldrand-Lude anstrebt, dann sollte das genauso wenig toleriert werden wie ihre Fantasien, das gemeinsame Heim mit 27 Perserkatzen zu teilen. Aber mal ehrlich: Bei wem geht es schon so zu? Wollen wir nicht alle nur unser kleines Refugium inmitten dieser blühenden Beziehungslandschaft?

DIE GLÜCKLICHE LIEBE VON FREILAUFENDEN PARTNERN

Natürlich könnten gerade Sie beide alles gemeinsam machen, klar. Schließlich sind Sie jetzt schon ein absolutes Traumpaar. Aber Sie sind clever genug, Ihr Gegenüber stets loszuschicken, damit es neue Beziehungsimpulse einheimsen kann. Was würden Sie sich gegenseitig noch zu erzählen haben, wenn Sie sich stets Bett, Arbeitstisch und Tanzkarte teilen würden?

Lassen Sie den Partner immer wieder alleine losziehen, geben Sie ihm die Chance, Neues zu erleben und die Beziehung so positiv zu beleben.

Dazu gehören übrigens NICHT Erlebnisse wie „Schatz, gut, dass ich dorthin durfte! Diese üppige, unfassbar versaute Blondine kann sich ja verdrehen wie ein tibetanischer Hefezopf, toll!“

Ein Partner, der auch mal alleine sein darf, bekommt so die Möglichkeit, sich immer wieder seiner Unabhängigkeit zu vergewissern. Natürlich wissen er und sie, dass es gemeinsam am schönsten ist, aber auch: „Alleine würde ich nicht untergehen.“ Sich nur über die gemeinsame Beziehung zu definieren kann im Zweifel gefährlich, ja, mitunter sogar peinlich sein. Wer aufmerksam diverse Volksmusiksendungen verfolgt, wird das bestätigen können.

Man darf schließlich nicht vergessen, dass das mitunter Wichtigste in einer Partnerschaft die gleiche Augenhöhe ist. (Das ist jetzt weniger so zu verstehen, dass er bitte größer sein sollte als eine Nachttischlampe. Aber im Grunde genommen wäre das schon hilfreich.) Sollte bei einem Teil dieser herrlichen Zweiergemeinschaft der Eindruck entstehen, dass der (oder natürlich auch die) andere nicht mehr ohne ihn kann, ist der Totenschein für die Partnerschaft schon fast ausgestellt.

Als Traumpaar sollten Sie sich auf gleicher Augenhöhe befinden!

Eine erfolgreiche Partnerschaft pendelt stets wie ein guter Boxer zwischen Nähe und Distanz. Zu viel Nähe kann schaden. Wenn einer von zweien bei einem Bericht über die Stasi fast wehmütig über die unglaublichen Freiheiten der DDR-Bürger wird, dann kann etwas nicht stimmen. Genauso wenig hilfreich aber ist Distanz dann, wenn sie schon regelmäßig Anzeigen in der Zeitung schaltet beziehungsweise ihn auf diversen Fahndungslisten auszumachen glaubt.

Doch „Freiheit“ bedeutet mehr, als den Partner auch einmal alleine losziehen zu lassen. Viel wichtiger sind die Privilegien während der gemeinsamen Zeit. Wir alle wissen noch, wie das Leben als Single war. Wir waren jung (die meisten zumindest), wild, frei und uns völlig darüber im Klaren, unsere liebsten Hobbys und unbequemsten Eigenschaften für niemanden niemals aufzugeben. Wer uns wollte, der musste mit uns leben. Und zwar zu 100 Prozent. Wir wissen natürlich auch, dass diese knallharte Selbsttreubleibungspolitik bereits an Tag 1 der neuen Beziehung komplett außer Kraft gesetzt wurde. Und das ist ja auch okay. Wie so häufig sollte man sich hier zur goldenen Mitte hin orientieren: Wer am Anfang einer Beziehung so ziemlich jede Angewohnheit oder jedes Hobby um des lieben Friedens willen aufgibt, opfert ein gutes Stück Identität. Dieses im Nachhinein brutal und am Stück zurückzufordern verstört den Partner nur. Besser, man baut von Anfang an gewisse Privilegien schonend und behutsam ins „Vertragswerk" ein, so kann später niemand sagen, dass er davon ja nichts hätte ahnen können.

Der Umkehrschluss kann allerdings nicht bedeuten, dass, egal ob er oder sie, man künftig hausen kann wie ein halb debiler Kelte im Waldlager. Die hohe Kunst der Diplomatie hält ein Beziehungsleben lange am Laufen und spannend. Kein Partner sollte gezwungen werden, gewisse Dinge nur aus Liebe zu tolerieren. („Ist es noch Liebe – oder schon das Stockholm-Syndrom?")

UNARTEN

Eigenschaftslos zu sein, bis man imagemäßig mit der Raufasertapete verschmilzt, ist genauso tödlich für eine Beziehung wie das rücksichtslose Ausleben von Hobby, Passion oder Eigenschaft, wie etwa:

- Moped reparieren im Wohnzimmer.
- Dildo-Partys im Wohnzimmer.

- wettbewerbsreifes Rülpsen.
- Einzug der Zweitfreundin.
- Einzug des Drittfreunds.
- Dosenstechen mit Kumpels im Flur.
- Ausstaffieren des Wohnzimmers mit pentagonreifer Computertechnik.
- Fußnägel schneiden über dem Birchermüesli.
- Chrystal-Meth-Produktion im Bad.
- Bandprobe im gemeinsamen Schlafzimmer.
- allwöchentliches Clubtreffen der „Sissi-Freundinnen Erlangen".
- Umbau der gemeinsamen Wohnung zum Swinger-Club.
- Torwandschießen im Wohnzimmer (… obwohl).

So, jetzt können wir eigentlich mal wieder 'nen Check machen, oder? Gucken Sie doch einfach mal selber nach, wie es mit Ihrer partnerschaftlichen Unabhängigkeit beschaffen ist. Sind Sie emotional festgetackert – oder möglicherweise schon lange inoffiziell Single? Hier finden Sie raus, wie weit Sie bereits vom gesunden Mittelmaß entfernt sind.

DER TEST

Liebeslust oder Liebesknast? Beantworten Sie alle Fragen nach bestem Wissen und Gewissen und zählen Sie anschließend Ihre Punkte zusammen.

1. Wie lange können Sie auf Ihren Partner verzichten?

a) Wie? Wo will der denn hin?! (3 Punkte)

b) Mmmh … so zwei, drei Tage vielleicht. (1 Punkt)

c) Einen Tag vielleicht. (2 Punkte)

d) Ich hab 'nen Partner? (0 Punkte)

2. Ihr Partner beschwert sich, dass Sie ihm zu wenig Aufmerksamkeit schenken. Und nun?

a) Ich organisiere mich neu, trenne mich vielleicht sogar von ein, zwei Hobbys. (3 Punkte)

b) Das muss er/sie gerade sagen! (1 Punkt)

c) Dann soll er/sie doch einfach mitkommen – wenn ihn/sie Akkordhäkeln/der Frauendebattierclub/die alldienstägliche Tipp-Kick-Runde so interessiert. Mal gucken, wann er/sie einknickt. (2 Punkte)

d) Wer? (0 Punkte)

3. Wie oft, denken Sie, sind Sie grundlos eifersüchtig?

a) Grundlos? Er/sie hat mich gerade aus 'nem Swingerclub in Bayreuth angerufen! (1 Punkt)

b) Ich jetzt weniger. Aber er/sie hält mich zur Sicherheit im Keller gefangen. (0 Punkte)

c) Um ehrlich zu sein, raste ich schon aus, wenn er/sie mit dem Postboten spricht. (0 Punkte)

d) Wieso? Gibt's jemanden, der geiler ist als ich? (2 Punkte)

4. Sie sind auf einer Party und werden selber gerade in Beschlag genommen, während Ihr Partner sich angeregt mit zwei Frauen/zwei Männern unterhält. Was tun Sie?

a) Ich unterhalte mich weiter und beobachte ihn/sie, als wäre ich die letzten 20 Jahre Stasi-Chef gewesen. (0 Punkte)

b) Ich reiße mich von meinem Gesprächspartner los, suche mir das nächstbeste attraktive Wesen und tanze spontan Lambada. (1 Punkt)

c) Ich tue das einzig Vernünftige, ziehe mich zurück, fahre heimlich nach Hause und ändere bei Facebook unseren Beziehungsstatus. (0 Punkte)

d) Ich geselle mich dazu, scheint dort ja wohl wesentlich lustiger zu sein. (2 Punkte)

5. Im Supermarkt flirtet Ihr Partner in Ihrem Beisein hemmungslos mit der attraktiven Person hinter der Frischetheke. Wie verhalten Sie sich?

a) Da er/sie schon lange jegliche sexuelle Aktivität gegen ungehemmte Völlerei eingetauscht hat, versucht er/sie sich sicher nur 'ne Extrascheibe Wurst zu erschleimen. (0 Punkte)

b) Ich raste komplett aus. (0 Punkte)

c) Waren Sie mal in unserem Supermarkt?! Frischetheke?! Die haben doch nur Abgepacktes! (1 Punkt)

d) Dies kann ich mir beim besten Willen nicht vorstellen, tut mir leid. (0 Punkte)

AUFLÖSUNG

War 'ne Menge Holz für heute, oder? Das kann so ein normales menschliches Gehirn ja kaum fassen. Und eigentlich auch nur über Nacht verinnerlichen. Deshalb gibt's das Testergebnis erst morgen …

TAG 19: MACHT IHR DAS MAL SCHÖÖÖN ALLEINE!

Die Grundverschiedenheit von Männern und Frauen macht sich an circa 390.005.334 Eigenheiten fest. Das wird besonders markant an Abenden, die die Geschlechtsgenossen oder -genossinnen getrennt voneinander verbringen. Lassen Sie uns das doch ganz kurz skizzieren.

FRAUENABENDE

Der Frauenabend zeichnet sich in erster Linie bereits dadurch aus, dass er deutlich später beginnt als geplant, weil ziemlich genau sieben von sieben Frauen sich nicht entscheiden können, was sie denn tragen sollen in der lokalen Prosecco-Bar ihres Vertrauens. So startet die illustre Runde nicht um 20 Uhr, sondern ungefähr um 21 Uhr 30 – mit den ersten vier Personen. Sukzessive trudeln dann auch die anderen ein, die ab da konsequent den Geräuschpegel in sphärische Höhen treiben und den Kellner mit atemberaubenden Sonderwünschen an die Grenzen seiner Belastbarkeit treiben. Alleine die Anzahl von Extratellern überschreitet die Zahl der Teilnehmerinnen um ein Vielfaches. Im Rahmen dieser femininen Kakofonie wird für gewöhnlich die komplette Palette männlichen Verhaltens beziehungsweise Versagens durchdekliniert. Und zwar in einem Maße, dass ein empfindliches Männerohr nachhaltig Schaden erleiden könnte.

Wenn man nicht gerade darüber diskutiert, wer denn jetzt noch mal genau was bestellt, getrunken oder auch nicht mitgegessen hat (was im Grunde genommen eh immer der Salat mit Putenbruststreifen ist), wird die Tanzfläche geentert. Dort wird dann ausgelassen bis aufreizend getanzt, was die anwesende Männerschaft zahlreich dazu anregt, den Damen Getränke nach Wunsch auszugeben. Da die Frauen durchaus paarungswillig scheinen, lassen sich die Herren auch nicht lumpen, weiter die Betankung zu finanzieren. Dass dann aber exakt keine der sieben Frauen am Ende des Abends woandershin fährt als nach Hause, hätten die Männer zumindest ahnen können.

MÄNNERABENDE

Wären Sie enttäuscht, hier nur einen Satz zu lesen?

Ja? Na ja, okay. Aaaaaalso: Männerabende verlaufen eigentlich genau wie Frauenabende – nur komplett anders. Zum Beispiel würden Männer zu einem Männerabend niemals pünktlich um 20 Uhr erscheinen. Die meisten kommen bereits gegen 18 Uhr, um sich vorher schon mal RICHTIG einen zu trinken. Außerdem wird ja vor dem Weggehen noch gegrillt, weil: Is ja heiß. Dann wird ausgiebig über diverse Themen gesprochen. Darunter beispielsweise Frauen, aber auch Frauen oder Frauen. Vornehmlich die eigenen. Gegen 21 Uhr ist die Hälfte der Anwesenden massiv angeschlagen. Was einen einleuchtenden Grund hat: Viele vertragen die Hitze nicht. Dass das auch an den wurstbegleitenden 13 Bier liegen könnte, wird nicht weiter als Erklärung in Betracht gezogen. Gegen 21 Uhr 30 entert der Rest des angeknockten Rudels die lokale (Prosecco-?)Bar. Dort steht man an der Theke und unterhält sich mit einem nicht zu übersehenden Überschwang über so vielfältige Themen wie zum Beispiel Frauen, aber auch Frauen sowie unter anderem Frauen. Jetzt weniger die eigenen, sondern die in dem Laden anwesenden.

Als Traumpaar sollten Sie nicht alles gemeinsam machen

Man übertrifft sich gegenseitig mit Prophezeiungen, auf welche Art und Weise man die ein oder andere der dort anwesenden Damen beschlafen würde. Was natürlich rein hypothetisch bleibt, da spätestens eine halbe Stunde später alle so betrunken sind, dass sich ein etwaiges Affären-Anbahnungsgespräch nicht mehr ergeben kann. Überraschenderweise schafft es tatsächlich doch noch einer, bis in die Wohnung der frisch eroberten Frau vorzudringen. Dort allerdings schläft er auf der Couch ein. Alkohol – das beste Verhütungsmittel von allen.

MÄNNERURLAUB

Nehmen Sie einen typischen Männerabend, multiplizieren Sie ihn mit sieben, subtrahieren Sie 50 Prozent Niveau und Zurechnungsfähigkeit, addieren Sie 30 Prozent Lautstärke und Sie kommen ziemlich genau dahin.

FRAUENURLAUB

Wenn eine Gruppe Frauen zusammen in den Urlaub fliegt, dann ist das eine kultivierte Veranstaltung, bei der es vornehmlich darum geht, Land und Leute kennenzulernen, mit einem gemieteten Kfz durch das Hinterland zu streifen und bei einem guten Glas Wein gemütlich den Tag ausklingen zu lassen.
Sollten Sie das glauben, waren Sie in den letzten Jahren definitiv an keinem Flughafen. Dennoch dürfen Sie jetzt Pause machen.

TAG 20: ICH MUSS LEIDER DRAUSSEN BLEIBEN

Guten Morgen! Sind Sie fit genug, um tief in den Bereich einzutauchen, der ganz allein nur dem einen Partner vorbehalten ist? Gut, dann los. Da wären zum Beispiel …

GEHEIMNISSE

„Mein Partner hat keine Geheimnisse vor mir, das weiß ich!" Ein Satz, der mit seinem Wahrheitsgehalt noch knapp vor „Das Internet – eine flüchtige Modeerscheinung" kommt. Natürlich hat Ihr Partner Geheimnisse vor Ihnen! Und das ist absolut in Ordnung so. Geheimnisse sind wie eine kleine Schatztruhe, deren Inhalte man nur selbst kennt – und die zu einem nicht unwesentlichen Teil unsere Identität ausmachen. Würden wir unserem Partner all unsere Geheimnisse erzählen, würden wir uns völlig transparent machen und uns in der Beziehung nahezu komplett auflösen. Die Trennschärfe zum Partner würde verschwinden. Wollen wir das? Will der Partner das? Muss man alles voneinander wissen? Dass die Frau aus purer Lust einmal versucht hatte, als Prostituierte zu arbeiten? Oder müssen wir von den frühpubertären, homosexuellen Erfahrungen des Mannes erfahren? Nein, das behalten wir mal schön für uns! … das Vorleben als serbischer Kriegsverbrecher besser auch.

Jeder hat so seine Geheimnisse

EIGENER HYGIENISCHER RAUM

Zu den Freiheiten innerhalb einer Beziehung gehört es auch, den anderen bei der Hygiene allein zu lassen. Das fängt damit an, dass man nicht ständig gemeinsam duschen muss, und es hört spätestens dann auf, wenn man plötzlich ungeniert im Bad steht und sich die Zähne putzt, während der andere gerade auf der Toilette sitzt. Also bitte! Braten Sie sich doch gleich noch ein paar Eier daneben! Sich so ungeniert voreinander zu bewegen ist kein Zeichen von Intimität. Es ist vielmehr ein Zeichen von akut abklingender Sexualität. Wen es nicht stört, in so unvorteilhaften Situationen wie der Verklappung beobachtet zu werden, der hat offenkundig kein großes Interesse daran, gut vor dem Partner dazustehen. Pickel ausdrücken, Beine rasieren, Blasen aufstechen – muss man das alles detailgetreu mit dem Partner teilen? Nee, oder?

KONFLIKT-BEWÄLTIGUNG

TAG 21&22

TAG 21:

KRÄFTIG ZOFFEN – DAS LÄSST HOFFEN!

So, bevor wir loslegen, wollen wir eines noch ganz schnell klarstellen: Eine Beziehung ohne Streit ist in etwa so wahrscheinlich wie ein ungeklautes Fahrrad am Freibadzaun, ergo: absolut utopisch. Sie beide sind schließlich nicht die Protagonisten einer öffentlich-rechtlichen Familienserie – wobei selbst dort leidenschaftlich gestritten wird. Und das ist auch gut so. Streit unter Paaren gleicht zwar manchmal einem Grabenkampf, ja, vielleicht ist es sogar ein verbaler Kampf um Landgewinn. Vielmehr aber ist Streiten der Beweis dafür, dass einem etwas am Partner liegt.

Streit ist das stete Bemühen, etwas Gutes noch besser zu machen. Der offen ausgetragene Konflikt ist der Schwingschleifer über den Unebenheiten der Beziehungsoberfläche.

Deshalb muss Streit nichts Schlimmes für die Beziehung bedeuten. Er kann sogar helfen, unterschwellige Aggressionen abzubauen und die Beziehung in neue Sphären zu hieven – bevor es zu einer langfristigen Verhärtung der Fronten kommt. Streit hat dann positive Folgen, wenn man ihn richtig angeht und austrägt, also Kritik vernünftig und ohne Vorwürfe formuliert und seinerseits bereit ist, Kritik auf- und anzunehmen.

DAS BISSCHEN HAUSHALT IST DOCH EIN PROBLEM!

Eben waren Sie noch ein Traumpaar: jung, wild und frei. Plötzlich ist ein Kind da, und sie hat das Gefühl, dass sich für ihn – bis auf die schlichte Tatsache einen Verwandten mehr zu haben – eigentlich nicht viel verändert hat. Er geht nach wie vor arbeiten (natürlich nicht, wie er sagt, bis acht, sondern nur bis fünf, die anderen drei Stunden geht er noch mit seinen Kollegen was trinken, ganz sicher!), während sie auf null gesetzt ist und sich plötzlich um den Haushalt – plus Kind! – kümmern muss. Logisch, dass sich bei ihr ein gewisses Frustpotenzial aufbaut. Im Zweifel ein so großes, dass er sich eines Abends beim Heimkommen wundert, warum sein Schlüssel nicht mehr in das Türschloss passt.

Aber vielleicht greifen wir hier vorweg, denn für derlei Spannungen ist noch nicht mal ein Kind notwendig (das taucht ja erst im nächsten Kapitel auf …). Auch eine stinknormale Zweierbeziehung kann schon unter der Unwucht der Haushaltszuteilung leiden. Was man anfangs noch als sympathische Macke des Partners wahrnimmt, kann im Laufe einer Beziehung zu einem Terrorobjekt mutieren. Das ist natürlich objektiv betrachtet völlig irrational – aber wer verhält sich in einer Beziehung schon immer rational? Eben. Und so wird eine nicht verschlossene Zahnpastatube oder ein Knäuel Socken, achtlos liegen gelassen, plötzlich zu einem ernsthaften Problem.

Wie in so vielen Fällen gilt auch hier für beide Seiten: Ruhe bewahren und ein Augenzwinkern nicht vergessen, denn kein nachlässig zugeschraubtes Marmeladenglas kann so nervtötend sein, als dass darüber ein schrecklicher Streit ausbrechen müsste. Egal, ob ihn ihre Klamotten stören, die überall verteilt herumliegen oder sie sich von ihm generell mehr Beteiligung im Haushalt wünscht: Am besten, Sie sprechen das gleich an. Und das bitte wirklich behutsam! Gerade Frauen neigen im Streitfall dazu, eine Tonlage anzustimmen, die irgendwo zwischen Hundepfeife und kaputtem Düsenjet liegt. Schon so mancher Mann ist darüber spontan unfruchtbar geworden. Aber auch er sollte sich zurückhalten, Sätze zu blöken mit wenig deeskalierenden Einleitungen wie „Bist du zu blöd, oder warum …?“ oder „Selbst einem debilen Esel kann man schneller erklären, dass …“

Wenn Sie das Gefühl haben, dass sich manche Probleme im Haushalt nicht sofort und schon gar nicht verbal lösen lassen, haben Sie nur eine Möglichkeit: Sie lassen alles so, wie es ist. Ist das denn auch so schlimm? Die zwei, drei Gläser kriegen Sie auch eben selber gespült, dafür trägt er ja schließlich auch immer die Kohlen und die Wasserkisten. Hat er sich auch noch nie drüber beschwert, oder? Na, also.

IDEEN

So lassen sich Haushaltskonflikte spielerisch lösen:

> Stellen Sie ihm Aufgaben wie: „Ich wette, du kriegst unsere 80 Quadratmeter nicht unter sechs Minuten gesaugt!“

> Um sie dazu zu bekommen, ihre Klamotten ordentlich zu verstauen, legen Sie ihr immer wieder mal kleine Überraschungen in die entsprechende Schublade.

> Legen Sie die offene, klebrige Zahnpastatube stets zwischen die noch ungelesenen Seiten seines Fußballmagazins direkt gegenüber vom Waschbecken.

> Um ihn dazu zu bringen, sein Sockenknäuel dahin zu befördern, wo's hingehört: Basteln Sie einen kleinen Basketballkorb an den geöffneten Deckel des Wäschekorbs.

Da der Haushalt nicht nur Dinge wie die Sauberkeit beinhaltet, kann natürlich auch ein Teilaspekt wie das …

Kochen

… zum Problem werden. Hier prallen mitunter sehr unterschiedliche Geschmäcker aufeinander. Ihr ist es zu salzig, er wiederum findet es so scharf, dass er binnen kurzer Zeit aussieht, als hätte er einen Blutdruck von 320:180, sie „hasst Koreander", er sagt ihr, dass Rassismus nicht an den Herd gehört, und, und, und … Die gemeinsame Zeit am Herd birgt einiges an Konfliktpotenzial. Sollte man sich hier so gar nicht einigen können, ist es sinnvoll, entweder außer Haus zu essen oder beim Lieferservice zu bestellen.

Der große Vorteil hierbei: Die meisten Services bieten mittlerweile von allem etwas an, sodass man sich zumindest nicht mehr streiten muss, ob man lieber thailändisch, mexikanisch oder spanisch isst. Seit Pizza-Gyros ist ja nun wahrlich nix mehr unmöglich.

Damit das Ceranfeld nicht zum – aufgepasst, Wortspiel! – Konfliktherd wird, empfiehlt es sich, einfach abwechselnd zu kochen und den anderen mit der jeweiligen Speise zu überraschen. Am besten nach einem gemeinsamen Besuch eines Kochkurses. So kann man sich sogar gegenseitig – und zwar objektiv! – benoten und regt den Ehrgeiz und nicht die Wut aufeinander an. Geben Sie lediglich darauf acht, zumindest ansatzweise den Geschmack Ihres Partners zu treffen, bevor er oder sie annehmen muss, es handele sich hier um so eine Art Dschungelprüfung.

FERNSEHEN

Wir könnten jetzt lang und breit drum herumreden, aber es ist ein Fakt: Die Frauen entscheiden, für welche Kinofilme oder Veranstaltungen Karten gekauft werden, und schlussendlich haben die Frauen auch immer die Hand an der Fernbedienung. Und warum? Weil offenbar doch mehr Männer in der Lage sind zu teilen, als bisher angenommen. Bislang ging man ja eher davon aus, dass die Fernbedienung für viele Vertreter der maskulinen Spezies eine Art verlängertes Körperteil ist – und zwar das unterhalb der Gürtellinie.

DIE FLOP 5 DER NERVIGSTEN FRAUENSPRÜCHE

★★★ **„Wir müssen reden."**

★★★ **„Was denkst du gerade?"**

★★★ **„Du warst auch schon mal schlanker."**

★★★ **„Am Anfang warst du viel romantischer."**

★★★ **„Findest du mich zu dick?"**

Die Unterschiede zwischen Männern und Frauen treten immer wieder und ganz explizit bei der Auswahl des TV-Programms auf. Um es ganz plump zu formulieren: Die „Testo-Fraktion" orientiert sich bei Filmen tendenziell Richtung Hauen, Stechen und Schießen, während die „Östrogen-Mafia" sich immer wieder gern mit dem kompletten Spektrum menschlicher Emotionen auseinandersetzt – klar, dass es da zu Spannungen kommt. Schon der Sonntagmorgen droht zum „nationalen

Früh*schocken*" zu werden: Er würde gerne die hochbrisanten Themen beim allsonntäglichen Fußballstammtisch verfolgen, während sie das emotionale Inferno der Model-Castingshow genießen will. Da bleiben nur zwei Lösungen: Entweder getrennte Fernseher während der Simultanübertragung oder, und noch besser, ein Kompromiss. Bei zwei parallel laufenden Shows, die sich jeweils über zwei Stunden erstrecken, muss es doch möglich sein, alle paar Minuten zwischen den Programmen hin und her zu switchen, um sich gemeinsam am immer selben Blödsinn zu erfreuen, der in diesen Shows verhandelt wird. Denn, ganz ehrlich: Für sich genommen, sind diese turnusmäßigen Empörungsparaden alle „a bisserl deppert" und gar nicht so weit auseinander, oder?

Was Filme angeht, ist es natürlich ein bisschen schwieriger: Angehende Profis wechseln sich ab in der Filmauswahl und lassen es auch unkommentiert geschehen, wenn der Partner während des Streifens, der ihn nun jetzt mal nicht so wirklich interessiert, Mails checkt oder Quittungen sortiert. Richtige Profis wiederum suchen stets Streifen aus, die geschickt Genres wie Action und Liebe miteinander verbinden. Damit sind allerdings keine Filme gemeint, in denen der Protagonist tränenschwanger seine Knarre streichelt. Wenn sie schlau ist, ergötzt sie sich an der Männlichkeit des vor Testosteron strotzenden Helden oder sucht nach amourösen Elementen. Er wiederum sollte sich ganz genau ansehen, wie der Hauptdarsteller der Zwangsschmonzette vorgeht, um ganz clever abzukupfern und das Erlernte bei der nächstmöglichen Gelegenheit anzuwenden. Ausgefuchst, was?

Seien Sie nachsichtig bei der Filmauswahl

EI, VERFLUCHT – DIE EIFERSUCHT

Gleich vorweg: Wenn wir in den nächsten Zeilen über Eifersucht sprechen, dann reden wir natürlich von der Eifersucht in homöopathischen Dosen, nicht etwa von der krankhaften Variante. Sich zum Beispiel beim Verlassen der Wohnung an den Partner zu ketten ist ganz eindeutig keine gesunde Variante.

DIE FLOP 5 DER NERVIGSTEN MÄNNERSPRÜCHE

★★★ **„Musst du alles deiner besten Freundin erzählen?"**

★★★ **„Schon wieder neue Schuhe!"**

★★★ **„Fahr nicht so langsam!"**

★★★ **„Hast du ein bisschen zugenommen?"**

★★★ **„Wie war ich?"**

Um mit der Eifersucht des Partners vernünftig umgehen zu können, muss man, wie so oft, verstehen, woher diese rührt. Nehmen Sie die hin und wieder aufflammende Eifersucht Ihres/Ihrer Liebsten nicht als Belastung, sondern als eine ganz spezielle Form des Kompliments. Begreifen Sie sie als partielle, wenn auch manchmal etwas lästige Ehrung. Immerhin signalisiert Ihnen Ihr Gegenüber gerade, dass Sie für ihn/sie etwas ganz Besonderes sind, was er/sie auf keinen Fall verlieren oder auch nur teilen will. Die gegenteilige Reaktion, sprich überhaupt keine Eifersucht, lässt wiederum nicht gerade darauf schließen, dass hier jemand den anderen besonders wertschätzt. Sollte diesbezüglich so gar nix kommen, können Sie davon ausgehen, dass Ihr Partner Sie über kurz oder lang in etwa so vermissen würde wie seinen Blinddarm.

Sollten Sie einmal eifersüchtig werden, ist es ganz wichtig, dass Sie das Gespräch suchen. Es hat keinen Sinn, nur aus Angst vor Streit oder um den Beziehungskomfort des Partners nicht zu gefährden, die Konfrontation zu scheuen. Machen wir uns nix vor: Am Ende würden sich die unterdrückten Emotionen eben doch Bahn brechen und Ihnen beiden um die Ohren fliegen wie Blauwal-Kadaver. Der Partner wird kaum verstehen, warum eine vermeintliche Nichtigkeit bei Ihnen plötzlich einen derartigen Emotionshagel auslöst. Ein „Zwischenfazit mit Schrecken“ (oder auch eine Klärung) ist da allemal besser. Kritisches Nachfragen trägt meist zur Klärung bei, und Sie werden einander fortan mehr vertrauen können. Schließlich weiß Ihr Partner jetzt, wie bestimmte Verhaltensweisen oder Situationen auf Sie wirken und warum Sie reagieren, wie Sie reagieren.

Wie hätte er denn ahnen können, dass sie pikiert ist, wenn er zehn Tage nach Thailand fliegt und sich an Tag 9 kurz heiser meldet, um zu sagen, dass er noch eine Woche dranhängt? Genauso sollte ihr bewusst sein, dass ihm ihre alltäglichen Überstunden bis in die Nacht hinein komisch vorkommen – zumal sie als Briefzustellerin arbeitet. Wäre sie bei der Bahn, hätte sie für die verspätete Heimkehr eine deutlich bessere Ausrede.

Jetzt, wo wir uns so schön in Rage geredet haben, ist es Zeit für ein paar zusammenfassende Regeln. Für anständige Konfliktbewältigung gibt es nämlich durchaus ein paar …

TAG 22:

DAS WWW DES HITZIGEN MITEINANDERS

WWW steht in diesem Falle nicht für das World Wide Web (wobei zu langes Verweilen im Netz gerne mal Auslöser für Diskussionen sein kann), sondern für die drei Ws der gepflegten Streitkultur.

VORSICHT

Es ist zu klären:

> **Wann** ist der richtige Zeitpunkt, um ein Problem anzusprechen? Wie bereits erwähnt, ist es wichtig, das Problem unmittelbar zur Sprache zu bringen und nicht wie eine Grippe zu verschleppen. Auch diese rächt sich später umso schlimmer und geht passenderweise ebenfalls ans Herz.

> **Wo** trage ich den Streit aus? Die Antwort ist so einfach wie logisch: Überall dort, wo Sie Ihr Gegenüber sehen können. Wer einmal TV-Serien geguckt hat, in denen es darum ging, die Blicke oder Körpersprache eines Verdächtigen zu deuten, weiß, warum. Am Telefon, im Auto, nachts im Bett oder in der siebten Sohle der Zeche Zollern sehen wir weder die Mimik noch die Körpersprache unseres Gegenübers. Und ohne sie können wir schlecht einschätzen, wie wir das Gesagte zu bewerten haben. Und, last but not least spielt natürlich auch das …

> **Wie** eine Rolle. Streng genommen sogar die wichtigste. Jeder, der mal mit einem deutlichen „Geht's dir noch gut?" angebrüllt wurde, weiß, dass das keine sorgenvolle Erkundigung nach dem Gesundheitszustand ist, sondern schlicht ein Affront.

Aber nicht nur der Ton macht die Musik. Es gibt noch ein paar andere Dinge, die es beim Wie zu beachten gilt ... Noch Lust? Okay! Aaaaalso ... hier wären denn ein paar ...

REGELN FÜR DEN GEPFLEGTEN STREIT

Bleiben Sie immer beim „Ich" und vermeiden Sie das „Du"
So beziehen Sie Position, ohne persönlich zu werden und dem anderen Vorwürfe zu machen. Sätze wie „Ich find dich scheiße" sind allerdings dennoch kontraproduktiv. Aber trotzdem schön, dass Sie's versucht haben.

Verallgemeinerungen sind tabu, bleiben Sie beim Thema
Dass sie heimlich nascht, muss kein Indiz dafür sein, dass sie ebenso heimlich wieder die Affäre zu Ihrem (ehemaligen) Steuerberater aufgenommen hat.

Knigge voran!
Selbst im Überschwang der Emotionen sollten Sie die Grundprinzipien der Höflichkeit wahren. Bitte keine Beleidigungen, auch wenn es für „tsunamigleicher Weltklasse-Messie" oder „triebgesteuerter Amokpenis" Kreativpunkte geben müsste.

Bitte bleiben Sie zumindest auf dem verbalen Schlachtfeld
Häusliche Gewalt ist tabu. Ja, das gilt auch für den Garten. Blaue Flecken und Schürfwunden sind einzig und allein dem Versöhnungssex vorbehalten.

Seien Sie nie zu stolz, sich zu entschuldigen
In einem Streit geht es nicht darum, zu gewinnen, sondern einen Sachverhalt zu klären. Da kann es schon mal passieren,

dass einer unrecht hat. Das kann man dann ruhig auch mal zugeben.

Ausreden lassen!

Nein, nicht „Ausreden *zu*lassen", sondern wie in einer anständigen Diskussion dem Gegenüber Raum geben, seinen Standpunkt ordentlich vortragen zu können. Jaja, schon klar, dass Sie die besseren Argumente haben, trotzdem!

Hören Sie aufmerksam zu!

Das gebietet nicht nur die Höflichkeit, sondern liefert Ihnen, richtig befolgt, wertvolle Einblicke in das Seelenleben Ihres Partners. Und darum geht's hier ja schließlich.

Spott, Ironie, Zynismus und Sarkasmus weglassen!

Das kann man sich vielleicht in einem Politiktalk im Fernsehen erlauben. Da allerdings gehen die Protagonisten nach dem Polemikfestival gemeinsam ein Bier trinken. Bei Ihnen dürfte das nicht der Fall sein, wenn Sie sich diese, zugegebenermaßen manchmal schönen Rhetorikkeulen, nicht verkneifen.

So! Kapiert?!

NESTBAU
TAG 23–26

TAG 23: ZWEI SIND EINER ZU WENIG

Um das gleich vorwegzunehmen: Grundsätzlich ist natürlich überhaupt nichts dagegen einzuwenden, zu zweit zu bleiben. Schließlich bilden Sie ja schon seit einiger Zeit ein Erfolgsduo, da würde eine dritte Person nur stören. Andererseits haben Sie als Power-Couplet so dermaßen viel Liebe im Speicher, die reicht doch locker noch für ein, zwei Personen mehr. Auch wenn Sie jetzt, in der Blüte Ihrer Jugend, kaum den Sinn darin sehen sollten, Ihre tolle Zeit durch die Verantwortung für ein krakeelendes Mini-Me zu torpedieren: Denken Sie an die Zeit später!

Sich lediglich auf das Tele-Bingo oder den Besuch des Tiefkühlmanns zu freuen kann kaum die Rentenzeit erschöpfend ausfüllen (mal abgesehen davon, dass es dann schon gar keine Rente mehr geben wird). Es gibt doch kaum was Schöneres, als den puren Quell des Lebens um sich zu scharen, Kinder und Kindeskinder, die uns ja geradezu buchstäblich aus dem Schoß gekrochen sind. Mal ganz abgesehen davon, dass wohlmeinende Kinder und Enkel uns später munter Dahinsiechenden bei ganz alltäglichen Dingen helfen werden. Zum Arzt fahren, die Hecke schneiden, den Nachbarskindern den Ball zerstechen – das Übliche halt.

Kinder bringen sicherlich Abwechslung

Ach, und falls Sie das immer noch nicht überzeugen sollte: Machen Sie's einfach, um künftig nicht auf jeder Festivität gefragt zu werden: „Wann wollt ihr beide denn endlich mal loslegen?"

GO FAMILIA!

Nach dem richtigen Zeitpunkt zur Familiengründung gefragt, gibt es grundsätzlich nur eine klare Antwort: Dass es dazu keine klare Antwort gibt. Wer das Gefühl hat, dass es losgehen kann, darf gerne die Saat der Liebe auf den Acker schmeißen. Falls man dieses Gefühl allerdings mit 15 haben sollte, darf man die Planung ruhig noch einmal mit den eigenen Eltern absprechen, es sei denn, man hat Lust, künftig dauerhaft im Nachmittagsprogramm privater Fernsehstationen aufzutreten.

Auf der anderen Seite ist es natürlich völlig okay, mit dem Kinderkriegen noch ein wenig zu warten. Kann ja sein, dass man noch vorhat, gemeinsam ein paar nette Ecken Äquatorialguineas oder Alaskas zu bereisen, da wäre so ein Neugeborenes durchaus hinderlich bei. Aber möglicherweise sind wir gerade auch ein wenig zu voreilig. Denn vor der Familienplanung kommt, zumindest meistens, das … ach, komm, das beziehen wir morgen …

TAG 24:

TRAUTES HEIM – GLÜCK ZU ZWEIEN

Im Laufe einer Beziehung kommt unweigerlich der Punkt, an dem beide beschließen, dass es an der Zeit ist, in eine gemeinsame Wohnung zu ziehen. „Beide“ steht übrigens in circa 98,2 Prozent aller Fälle für: sie. Denn während er still und heimlich noch an seinen Junggesellenfantasien mit reichlich Alkohol und dem ungehemmten Entleeren seiner Blase vom

Balkon hängt, leitet sie bereits das nächste Level der Partnerschaft ein. Und zu warten, bis er von selbst darauf kommt, hat tatsächlich wenig Sinn. Das wäre in der Regel nämlich ungefähr drei Wochen nach Beginn ihrer Menopause. Jetzt mal grob geschätzt. Aber da Sie ja ohnehin schon auf dem besten Wege sind, ein absolutes Traumpaar zu werden, haben Sie den Umzug vermutlich eh schon längst hinter sich, klar.

Eine gemeinsame Wohnung demonstriert den unbedingten Willen beider, sich ohne echte Rückzugsmöglichkeiten auf den anderen einzulassen. Klingel- und Türschild wiederum machen das Ganze dann auch buchstäblich fix. Und, oh ja, gerne auch getöpfert. Die anderen sollen ruhig sehen, dass hier Kreative leben!
Die Inspektion der neuen Wohnung nimmt zumeist ebenfalls die Frau in die Hand. Schließlich ist sie wesentlich besser darüber im Bilde, welche Anforderungen das neue, gemeinsame Heim erfüllen muss …

Checkliste	☑
Hell	☐
Freundlich	☐
Großzügig geschnitten	☐
Geräumiges Bad	☐
Badewanne	☐
Anbindung zum ÖPNV	☐
Grünanlage in der Nähe	☐
Fernab der Hauptstraße	☐
Arbeitszimmer für ihn (das so schnell wie möglich zum Kinderzimmer umfunktioniert werden kann)	☐

Das sind nur ein paar der Eckpunkte, die sie abklopft, während er lediglich Telefonbuchse und Internetanschluss checkt. Reicht ja eigentlich auch.

Muss man noch explizit erwähnen, dass die Frau natürlich auch vornehmlich für die Gestaltung der Wohnung verantwortlich ist? Natürlich ist sie das. Die kluge Frau erlaubt, trotz ihrer Dekorationsmajorität, dem Mann, ein paar eigene Vorschläge einzubringen. Zum Beispiel die Auswahl der Nägel, die zur Befestigung der Bilder in die Wand gehauen werden. Dem Mann sei empfohlen, die Frau gewähren zu lassen. Er wäre ja auch gar nicht in der Lage, ein solch breites Spektrum an Dekorationsmöglichkeiten aufzutun. Wir wollen hier nicht den ewig gleichen Witz mit dem 1.000er-Pack Teelichtern aus dem schwedischen Möbelhaus machen, aber: Es ist leider so! Ebenso käme der Durchschnittsmann nie auf den Gedanken, Pflanzen in der Wohnung aufzustellen. Schlimmer noch: Pflanzen kennt er eigentlich nur als das störende Element auf dem Teller, gleich neben dem Steak.

Seien Sie beim Einrichten tolerant gegenüber Ihrem Partner

Frauen haben das Talent, aus wenig viel zu machen, beherrschen auch jeden noch so kleinen Dekokniff. Dass das freilich nicht immer so ist, kann man in diversen Prekariatsdokumentationen im Privatfernsehen bestaunen: Egal, ob der gekachelte Couchtisch oder das wild gemusterte Sofa – Räume wie eine Selbstanklage.

Um sich das gemeinsame Einwohnen so einfach wie möglich zu gestalten, sollten Sie dringend Arbeitsteilung betreiben:

Sie erhält die Möglichkeit, die elementarsten Möbel auszusuchen, während er sie dann zusammenschrauben darf. Klingt simpel und ist es auch. Durch den erfolgreichen (?) Aufbau des Mobiliars meint der Mann, er habe entscheidend zur Wohnungseinrichtung beigetragen, für die beide später von Freunden und Bekannten so gelobt werden.

Ach ja, falls das noch nicht klar geworden sein sollte: Bei einem Zusammenzug ist es für gewöhnlich so, dass jeder Einzelne seinen singulären Hausstand auflöst und in die gemeinsame Wohnung mitbringt. In der Praxis bedeutet das:

SIE *bringt 50 Prozent ein (man möchte dann ja doch auch viel Neues kaufen).*
ER *bringt … wie bitte? 50 Prozent?!!! Haben Sie sich den Mist mal angesehen, den er da in seiner alten Wohnung hatte? Drei Prozent! Max! (inklusive der Pokale)*

Spaß beiseite: Natürlich sollte die Frau ihren Mann nicht komplett überfahren, was die Gestaltung der Wohnung angeht, und ihm ein gewisses Mitspracherecht zugestehen. Bevor der Mann sich von dem komplett weißen Plüschungeheuer, das sie Wohnung nennt, entfremdet und wochenlang nicht mehr heimkehrt. Das wäre dann ja auch kontraproduktiv.

Hat man sich erst einmal anständig in dieser Wohnung eingelebt und das Gefühl, einen wichtigen weiteren Schritt getan zu haben, kann man sich langsam daranmachen, über Nachwuchs nachzudenken. Die Umsetzung geht man dann entweder sofort an oder aber man steigt sanft ein …

Lektion 8

TAG 25:

GLÜCKLICH UND FROH IM STREICHELZOO

Sie werden sich von der Überschrift ja nicht beirren lassen, gell. Niemand verlangt von Ihnen, eine Ziegenherde zu beherbergen. Können Sie natürlich machen, wenn Sie wollen, ist aber allein geruchstechnisch schon eine ziemliche Herausforderung. Sie sind allerdings auf der richtigen Spur, denn ein Haustier kann ein sehr schönes Training für den Ernstfall sein. So manch ein Tier spiegelt recht wirklichkeitsnah die Basisanforderungen wider, die etwaiger Nachwuchs an ein Paar stellt. Stellt sich nur die Frage, welches Tier es sein soll.

REPTILIEN

Reptilien haben gemeinhin den Ruf, mysteriös und gefährlich zu sein. Man kann aber auch einfach sagen, dass sie furzlangweilig sind. Gut, das hängt natürlich noch mal im Speziellen davon ab, welches Tier genau man in der Wohnung hat. Sollte es sich zum Beispiel um einen Alligator oder einen Komodowaran handeln, stellen Sie sich darauf ein, schon sehr bald nur noch eine Zweierbeziehung zu führen – mit dem Komodowaran. Aber warum reden wir eigentlich darüber? Welche Frau würde allen Ernstes mit einem Mann zusammenziehen, der Reptilien besitzt?

KATZEN

Tja. Katzen ... Katzen wären vielleicht etwas, wenn man bei Kindern im Teenageralter einsteigen könnte. Katzen haben ihren eigenen Kopf, sind kaum zu erziehen und kommen eigentlich nur zum Fressen und Pennen vorbei. Wenn sie eine Ahnung hätten, wie man Türen öffnet, man könnte ihnen gleich einen eigenen Schlüssel geben.

VÖGEL

Vögel sind vielleicht ein ganz nettes Hobby. Hm? Ach, Sie haben sich verhört. Ja, sicher … das auch. Wir sprechen aber jetzt tatsächlich vom Geflügel. Diese Tiere können durchaus ganz unterhaltsam sein, machen aber schlussendlich zu wenig Mühe und bringen auch zu wenig Spaß, um ernsthaft als Trainingspartner für die Elternschaft zu taugen. So ein Vogel ist in der Regel ja relativ unstressig – es sei denn natürlich, ER schleppt plötzlich einen Steinadler an. Der wiederum seinerseits alsbald anfängt, ihn zu verschleppen, bis er Wochen später auf dem Giebel der Dorfkirche gefunden wird. Papageien oder Beos können ganz unterhaltsam sein, weil sehr gelehrig. Peinlich kann es allerdings werden, wenn sich nach wenigen Wochen herausstellt, dass der gemeinsame Wellensittich einen größeren Wortschatz hat als der Hausherr.

RANKING

★★★ **Steinadler**

★★★ **Wellensittich**

★★★ **Papagei**

★★★ **Beo**

★★★ **Vögeln**

HAMSTER

Ein Tier, welches ebenfalls denkbar ungeeignet ist, weil es zum einen nahezu teilnahmslos vor sich hin vegetiert. Zum anderen ist der gerade bei Kindern sehr beliebte Hamster nachtaktiv. Das weiß der Hamster – dummerweise aber eben die Kinder nicht, die ihn am Ende seiner Nachtschicht permanent vom Schlafen abhalten und bespaßen wollen, während er eigentlich nur noch pennen möchte. Insofern wundert es wenig, dass Hamster in der Regel nur zwei Jahre alt werden, bevor sie dann völlig übermüdet, und vermutlich schon 58 Jahre vor dem eigentlichen Verfallsdatum, sterben.

Mit einem Hamster können Sie Ihre Traumpaarqualitäten nicht testen

So, lassen wir mal die Spielereien und kommen straight (so 'n Anglizismus ist doch auch mal schön) zum Punkt. Sprich: zu dem Tier, das sich wie kaum ein zweites eignet, vor dem eigentlichen Kinderkriegen die Elternschaft zu simulieren. Und: Haben Sie's bereits erraten? Es ist der … mmhhh? … Richtig!

HUND

Der treue Freund des Menschen. Und genau das ist er ja auch. Beim Hund funktioniert es ganz ähnlich wie beim Kind: Er kann teilweise ungemein nerven, macht Dreck und hört schlecht, aber wenn man in diese treuen Augen blickt, ist es um einen geschehen. Ein Hund eignet sich perfekt, um zu lernen, Verantwortung für ein anderes Lebewesen zu übernehmen. Dass so manch einer an eben dieser Aufgabe scheitert, stellt man jeden Sommer wieder an bundesdeutschen Raststätten fest.

Bevor man sich einen Hund zulegt, sollte man, ähnlich wie beim Kind, wissen, auf was man sich in etwa einlässt. Ganz im Gegensatz zu einem Kind kann man beim Hund zumindest in Ansätzen abschätzen, wie die gemeinsame Zeit wird. Wenn man selber zum Beispiel einen Bewegungsradius hat wie ein Braunkohlebagger, dann ist ein Jack Russell Terrier die denkbar verkehrteste Wahl. Ein dermaßen bekloppter Köter wie diese Fellwurst auf LSD kann im Grunde nur von Leuten betrieben werden, die ihrerseits permanent zwischen Jogging-Papst sowie ADHS-Patient pendeln. Sorry, is doch so. So manch einer hat sich schon die Frage gestellt, was zur Hölle ihn bei der Hundeauswahl bloß geritten hat, wenn er am Sonntagmorgen um halb acht von einem offenkundig geisteskranken Dackelimitat aus dem Bett gezerrt wurde. Genauso verhält es sich natürlich mit einem Nassnasenpony wie dem Bernhardiner. Menschen mit ausgeprägtem Bewegungsdrang werden bei einem Fellphlegmatiker wie diesem schnell an ihre Grenzen stoßen.

Müssen wir noch über Modehunde sprechen? Nein, oder? Wer Lust hat, so ein halbes mexikanisches Hähnchen wie den Chihuahua aus der Armbeuge hängen zu lassen, sollte sich ernsthaft mal ein paar Fragen stellen. Genau wie französische Bulldoggen – Hunde, die aussehen, als wär ihnen versehentlich einer beim rückwärts Ausparken vor die Schnauze gefahren. Aber wir schweifen ab. Grundsätzlich ist ein Hund die perfekte Probe für den Ernstfall. Schließlich ist dieses Tier ein lupenreiner Spiegel unserer selbst. Wie wir das Tier erziehen, so ist es auch. Wir können also im Zweifel das komplette Spektrum unseres Versagens an dem Tier ausprobieren oder aber mit Bravour pädagogische Erfolge erzielen. Kommt ganz auf uns an. Ein Hund zwingt uns, auf bestimmte Bedürfnisse einer dritten „Person" Rücksicht zu nehmen und diese im Zweifel durch behutsame Erziehung ein wenig an unser eigenes Leben anzupassen.

Gerade in der Welpenzeit wird man schnell feststellen, wie belastbar man ist. Wie sehr man Lust hat, noch einmal um drei Uhr nachts aufzustehen, damit Fiffi seinen Kotstift in Nachbars Beet legen kann. Oder um fünf. Oder sechs. Oder um drei und um fünf und um sechs Uhr. Und den Hund einfach mal gewähren zu lassen, während man entspannt weiterschläft, ist spätestens dann vorbei, wenn man keine Zeitungen mehr zum Auslegen in der komplett eingenässten Wohnung hat. Als Hundebesitzer können Sie als Traumpaar schon einmal sehr gut Verantwortung übernehmen, übertragen oder gegebenenfalls übersehen. Kurzum: Irgendeiner muss nachts raus. Und das muss ja nicht immer dieselbe Person sein.

Auch in puncto Erziehung und Stringenz kann man mit Hund schon sehr viel lernen. Ähnlich wie bei Kindern ist es auch hier unheimlich wichtig, als Paar eine gemeinsame Linie zu finden und beizubehalten. Hat die Frau Bello einmal klargemacht, dass er nicht auf die gemeinsame Couch zu springen hat, dann ist es wenig hilfreich, wenn der Mann es ihm wieder erlaubt. Es ist ja nun nicht so, dass der Hund diese Inkonsequenz so deutet, dass das „ja nur 'ne Ausnahme" sei und „der Ingo ohnehin 'n ganz feiner Kerl". Schlussendlich lungert der Hund natürlich nur noch auf der Couch rum und

Als Traumpaar mit Hund können Sie Ihre Stringenz prüfen

fletscht im Zweifel die Zähne, wenn Herrchen da mit draufwill. Bei der Ernährung ist es kaum anders. Da wundert er sich, dass der kleine Fips immer bettelnd unten am Tisch wartet und beiden das Lächeln aus der Gesichtswurst starrt. Natürlich nur, bis er sie eines Tages dabei erwischt, wie sie dem vierbeinigen Wurstliebhaber beim Abendbrot ein paar Scheiben Mortadella zuschiebt.

Wer schon bei der Erziehung eines Hundes so kläglich scheitert, dass der gemeinsame Biergartenbesuch in einem mittelschweren Felltornado endet, der sollte sich das mit dem gemeinsamen Kind noch mal überlegen. Aber es hilft ja nix, irgendwann wollen sich die meisten mal reproduzieren, und dann kommen wir wohl oder übel nicht ums Kinderkriegen herum, deshalb kann das Ganze nur unter einem Motto stehen. Nicht nur die Tierhaarallergiker sollten sich jetzt ein wenig zur Ruhe legen. Morgen geht's ans Eingemachte! Hier noch ein kleines Betthupferl …

PROBLEMCHEN

Zur Einstimmung auf unser nächstes Traumpaarthema vorab eine kleine Übersicht, was Ihnen mit Kind so alles blühen könnte:

> Er fühlt sich in der neuen Rolle als einziger Ernährer unter Druck, während sie erst einmal in der Hausfrauenrolle ankommen muss.

> Einer von zweien wird sich immer vernachlässigt fühlen.

> Die eigentlich angepeilte Lockerheit weicht enormem Stress aufgrund erheblicher Mehrbelastung.

> Zweisamkeit, emotionale Nähe beziehungsweise Sex werden weniger.

- Man spricht weniger miteinander und wenn, dann packt man zu häufig aus, was einen am anderen nervt.
- Man definiert sich zu sehr über das Kind.
- Man setzt sich zusätzlich unter Druck, das Kind in jeder Situation ja lieben zu müssen.
- Freiheit in der (Urlaubs-)Planung ist erheblich eingeschränkt.

Na, freuen Sie sich jetzt schon so richtig auf Tag 26? Aber es nutzt nix, da müssen Sie durch als Traumpaar …

TAG 26: ELTERN WERDEN – TRAUMPAAR BLEIBEN

Ein Kind ändert nicht vieles – außer alles. Und wie so vieles im Leben lässt sich auch das Zulegen eines Kindes kaum planen. Das fängt schon damit an, dass die Geburt des Kindes überraschenderweise länger dauert als die Zeugung. Auch wenn man sich im Vorwege reichlich Gedanken über die Zeit als Eltern gemacht hat – mit der Realität hat das zumeist wenig zu tun. Vieles, was als Zweiercombo selbstverständlich war, wird plötzlich ersetzt durch ein mitunter ziemlich undankbares Ackern für einen höchst schwierigen Chef: Ihr Kind. Da werden Überstunden gemacht, Nachtarbeit, es kommen plötzliche Anrufe übers Babyfon, und zuvorkommendes Auftreten wird gedankt mit unkontrollierbarem Anschreien. Warum man das alles macht? Puh. Sagen wir's mal so: Das hat die Natur ganz

TRICK

clever eingerichtet, diese Kinder so niedlich aussehen zu lassen. Würde man sich das sonst alles antun? Wohl eher nicht.

Was hatte man nicht früher für ein herrlich unbeschwertes Leben. Man konnte meistens tun und lassen, was man wollte, die Kohle rausblasen, mal 'ne Woche Urlaub dranhängen, sich streiten, trennen und versöhnen, wie man wollte, und plötzlich: Verantwortung! Aber keine Sorge: Bereits nach 15, 16 Jahren wird das alles entspannter.

Kinder bereichern das Leben ungemein

Kaum ist das Kind da, stellt man fest, wie entrechtet man plötzlich ist. Waren Restaurant-, Kino- oder gar Discobesuche (mit anderen Pärchen) früher selbstverständlich, so wollen solche Unternehmungen jetzt gut geplant sein. Da werden die (Schwieger-)Eltern „verhaftet“, ein Babysitter bezahlt oder aber: Einer von Ihnen beiden bleibt allein zurück. Beziehungsweise: Allein mit der unbarmherzig krähenden Kotmaschine. Jahaaaa, das kann schon mal an die Nerven gehen, wenn man so gar keine Nacht mehr durchschlafen kann. Mensch, was war das früher entspannt, oder? Aber Sie wollten das ja so. Und so spielen Mama und Papa Nacht für Nacht „Eltern-Mikado“ – wer sich zuerst bewegt, verliert!

ZWISCHEN WINDELN UND WINSELN

Das bisherige Beziehungsleben, da darf man sich nix vormachen, wird mit einem Kind erheblichen Belastungen ausgesetzt. Schließlich kann so ein Kind einen auf ein ganz enormes Stresslevel hieven. Abgesehen davon, dass man aus Zeitnot den ein oder anderen Freund zum entfernten

Bekannten degradiert, droht auch ständig die Gefahr, sich als Partner zu verlieren. Schlimmer noch: Es drohen handfeste Konflikte. Vor allem dann, wenn sich abzeichnet, dass Partner A deutlich mehr Zeit und Power investiert als Partner B. Das kann daran liegen, dass Partner B beruflich schwer eingespannt ist – möglicherweise aber auch an schlichter Faulheit. Ohnehin sollte man schnell klären, wie man sich die kommenden Monate und Jahre denn in etwa so vorstellt, was die Kindshege und -pflege angeht.

VORSICHT

Häufige Fehler – aber das war ja alles vor dem Lesen dieses Kapitels:

- Man unternimmt nichts mehr alleine als Paar.
- Man stürzt sich völlig unvorbereitet in den Elternjob.
- Der Mann versteht nicht, warum sie erschöpft ist, obwohl sie doch „lediglich Hausfrau“ ist.
- Sie erwartet zu viel von ihm, der sich doch „auf der Arbeit vor dem Baby-Job drücken kann“.
- Man redet nur noch über das Kind.
- Man nimmt an, das Baby würde einen als Paar noch enger zusammenschweißen.

EMANZIPIERT ODER E-MOM-ZIPIERT?

Keine Frage, die Frauenbewegung hat in den letzten 50 Jahren Fortschritte gemacht und zu einem großen Maße an Gerechtigkeit geführt, was Rechte und Pflichten des Mann- und Frauseins betrifft. Wenn es aber hart auf hart kommt (und was könnte härter als ein Kind sein), dann wird die klassische Rollenverteilung am häufigsten praktiziert. Deshalb wollen wir uns auch speziell darauf stürzen. Dennoch: Nix gegen das umgekehrte Modell. Wenn er zu Hause bleiben mag, während sie schubkarrenweise die Moneten einfährt – bitte!

Eigentlich weiß auch die junge Mutter, dass sein Job im Wesentlichen zur Existenzsicherung der jungen Familie beiträgt. Dennoch führt seine häufige Abwesenheit unweigerlich zu Spannungen. Speziell dann, wenn er nach Beendigung seines Jobs „Feierabend" sagt. In dem Fall werden seine Popularitätswerte kontinuierlich Richtung Robbenschlächter abrutschen.

Auch, wenn er eigentlich schon gut ausgelastet ist: Ihr ein wenig Arbeit abzunehmen ist absolut alternativlos. Schließlich geht's häufig weniger um die effektive Arbeitsleistung als darum, ihr zu signalisieren, dass man ihren stressigen Job als Hausfrau (übrigens etwas, woran sie sich ja auch erst mal gewöhnen muss) respektiert und sie dabei unterstützen will. Es muss ja gar nicht viel sein: Ein wenig beim Abwasch helfen, den Müll runterbringen, das Kind ins Bett bringen, wickeln … die Wände neu streichen, Parkett neu verlegen, die Steuererklärung 2006 bis 2014 machen, das Dach neu decken – was man halt so zum Feierabend machen kann, damit sie happy ist.

Okay, das ist jetzt ein wenig übertrieben, aber grundsätzlich gilt: Ein Traumpaar ist in dieser Phase vor allem ein starkes Team, in dem jeder für den anderen rennt und grätscht – oder zumindest mal einkauft oder nachts aufsteht, wenn der andere, aus welchem Grund auch immer, nicht dazu in der Lage ist.

KOMM, GEH WECH!

Hinter diesem rhetorisch brillanten Imperativ verbirgt sich eigentlich nichts anderes als der dringende Rat, dem Partner eine kleine Auszeit zu gönnen. Soll heißen: Auch inmitten stärkster Kinderbehütungswirren muss es möglich sein, dafür zu sorgen, dass die Frau einmal einen Abend, Tag oder ein Wochenende allein oder mit Freundinnen sein kann. Gilt natürlich auch für den Mann, der ebenfalls mal die Gelegenheit bekommen muss, das zu tun, worauf er Lust hat. Nein, eine vierwöchige Bootstour mit drei Stripperinnen um Mallorca herum gehört nicht dazu.

GEMEINSAM EINSAM?

Gerade wenn ein Kind wie ein Komet in eine Beziehung einschlägt, merkt man wieder, wie stark der Mensch von Instinkten geleitet wird. Vor allem sie, gerade noch leidenschaftliche Partnerin, läuft nicht selten Gefahr, zum gluckenhaften Muttertier zu mutieren, das praktisch ungerührt mitansehen kann, wie er vor den Bus rennt – solange es nur dem Nachwuchs gut geht. Okay, das ist natürlich heillos übertrieben, trifft aber den Kern der Sache. Nicht selten verliert sich die Frau komplett in der Mutterrolle, während der Teil von ihr, der dafür gesorgt hat, dass beide es überhaupt bis hierhin geschafft haben, komplett verblasst. Die schlichte Erschöpfung beider aufgrund der starken Mehrbelastung mündet häufig darin, dass ihrer beider Libido bedenklich von der „Blauen Lagune" Richtung Pandagehege rutscht.

Eltern sein – Traumpaar bleiben

Das ist natürlich nicht zu tolerieren! Deshalb ist es unerlässlich, dass Sie beide fremde Hilfe und Entlastung in Anspruch nehmen, um immer wieder einmal Zeit zu zweit zu verbringen und sich weiterhin als Paar wahrzunehmen. Ach ja, und bitte nennen Sie sich nicht gegenseitig „Mama" und „Papa"!

GEMEINSAM GESUND BLEIBEN

TAG 27&28

TAG 27: LEBENDIG LEBT SICH'S SCHÖNER

Sehen Sie, jetzt sind wir schon so weit gekommen und Sie beide schon ganz nah dran, jetzt und langfristig ein echtes Traumpaar zu werden. Insofern wär's doch schade, wenn einer von Ihnen beiden vorzeitig aus diesem lustigen Reigen ausscheiden müsste. Gut, irgendwann wird sich das nicht vermeiden lassen, die Volkskrankheit Tod hat bislang noch jeden befallen. Aber wann genau der Sensenmann zum Mähen vorbeikommt, da können Sie kräftig mit dran drehen. Wie auch an der gesamten Qualität Ihres Beisammenseins. Denn auch wenn es ein wenig unpopulär klingt: Ein Partner, der ständig versorgt werden muss, permanent jammert oder nirgendwohin mitkommen kann, weil er mit seinem lahmen Bein jeden Spaziergang oder jede Shoppingtour ruiniert, kann ein ziemlicher Dämpfer für jede Beziehungseuphorie sein. So 85 Jahre können verdammt lang sein, wenn man sich selber oder der andere sich nicht so fühlt.

Aber so muss es ja nicht kommen. Wenn Sie beide ein wenig auf sich achtgeben, dann können Sie deutlich mehr Qualität und Quantität aus dem bisschen herausschlagen, was uns der Herrgott so mitgegeben hat. Was genau Sie tun können, das bimsen wir in den nächsten zwei Tagen durch. Und wenn Sie genau aufpassen, dann können Sie nicht nur wichtige Tipps zur Pflege Ihrer großen Liebe aufschnappen, sondern auch für sich selbst. Denn so viel ist klar: Wer seinen Partner liebt, der passt zuerst auf sich selber auf! Also, denn. Machen Sie sich bereit für eine faszinierende Reise durch die oberen Schichten der Medizin.

NUR GUCKEN, NICHT ANFASSEN!

Okay, ganz so dogmatisch wollen wir das Ganze jetzt auch wieder nicht sehen, schließlich kann Doktorspielen ja durchaus Spaß machen. Allerdings sollten Sie vorerst vom spontanen Ansetzen von Kathetern oder allzu heftigen Vorsorgeuntersuchungen absehen. Eingangs reicht es ja erst mal, ein wenig genauer auf diverse körperliche Symptome zu achten oder diverse gefährliche Situationen zu vermeiden. Denn auch Ihr Partner ist nicht davor gefeit, jede Gefahr als solche zu erkennen.

VORSICHT

Als Supervisor sollten Sie besonders hellhörig werden, wenn Sie folgende „berühmte letzte Worte" hören:

- „Ach, bitte, dafür lassen wir doch nicht extra 'nen Handwerker kommen!"
- „Wieso soll ich das nicht können?!"
- „Natürlich hab ich gecheckt, ob die Sicherungen auch wirklich raus sind."
- „Ach, das mit dem Verfallsdatum wird eh überbewertet."
- „Das geht wieder weg, ganz sicher."
- „Ich mach das eben schnell fertig, und dann gehen wir schwimmen!"
- „Ich kann Distanzen gut einschätzen, das glaub mir ma."
- „Sag du mir nicht, was gut für mich ist!"
- „Das hält! Locker!"
- „Ich hab da 'n Händchen für."

Glauben Sie uns. Weder Sie noch Ihr Partner, noch die Versicherung wird diese Sätze als Prolog für Ihr künftiges Singledasein besonders schätzen. Daher ist ein wenig Wachsamkeit gar nicht so verkehrt. Und wenn es nur heißt, dass Sie das nächste Mal den Rasenmäher vom Stromnetz nehmen, während sie versucht, den Ast aus dem Schneideblatt zu ziehen.

Passen Sie gut aufeinander auf!

Natürlich müssen Sie auch nicht in die Überfürsorge abdriften und plötzlich wie ein Östrogen-Tanker über Ihren Partner wachen. Sie sollten lediglich ein wenig aufpassen, wie Ihr Partner sich verhält oder ob es gewisse Anomalien gibt, die sich zu ernsthaften Krankheiten auswachsen können. Zu diesem Zwecke gibt es von Jahr zu Jahr mehr Lektüre und obendrein Internetdoktoren, die sich mit derselben Schnelligkeit wie Backshops ausbreiten. Bitte? Nein, in Backshops kann man sich natürlich nicht untersuchen lassen.
Die Flut von Diagnoseanbietern ist an und für sich eine schöne Sache – dummerweise kann der bunte Strauß an Interpretationsmöglichkeiten einen auch ein wenig verwirren und den Blick auf das Wesentliche verschleiern. So völlig desensibilisiert durch unzählige Analyseangebote geklickt, kann man einen schlichten Mückenstich auch mal schnell für eine Spontanschwangerschaft in der Armbeuge halten.

Insofern: Lassen Sie sich von der Symptomschwemme nicht beirren und konzentrieren Sie sich auf das Wesentliche. Achten Sie gegenseitig auf Ihr Essverhalten, Ihr Trinkverhalten, den Ge- oder Missbrauch von Genussmitteln, regelmäßigen Sport und halten Sie sich gegenseitig dazu an, auf diesen

Fleisch gewordenen Tempel zu achten, der da auf Ihren zwei gesunden Füßen steht. Im Folgenden werden wir Ihnen ein paar kleine Anleitungen liefern, die Ihnen helfen sollen, Wichtiges von Unwichtigem zu unterscheiden und wie ein Adler über die Gesundheit Ihres geliebten Traumpartners zu wachen. So, genug geredet. Fangen wir an … oder sagen wir's mal so:

Lassen wir die Doktorspiele endlich beginnen!

ERNÄHRUNG

Nahrung ist an und für sich eine gute Sache. Und im Leben eines Menschen durchaus nicht unwichtig. Allerdings gibt es wesentliche Unterschiede, was man sich im Laufe eines Tages so zuführen kann. In einer guten Beziehung legt man Wert auf die Ernährung des Partners. Da lässt man es nicht einfach geschehen, dass die andere Couchhälfte zusehends mit Fleisch zuwuchert. Da darf es nicht egal sein, dass der Partner plötzlich den Cholesterinwert eines Marzipanbrots hat. Das ist schließlich nicht nur reichlich unästhetisch, sondern auch äußerst ungesund. Auch wenn es der amerikanischen Wirtschaft schlecht geht – Sie müssen nicht jeden Tag deren Fast-Food-Ketten finanziell unterstützen. Zumal die Verpackung in der Regel einen größeren Nährwert hat als die Fettbriketts selbst.

Eine bewusste und ausgewogene Ernährung sollte einem nicht egal sein. Und spätestens, wenn man nach drei Treppenstufen schnauft wie ein angeschossener Moschusochse, weiß man, dass man was ändern muss.

Entscheiden Sie sich für abwechslungsreiche Kost und entscheiden Sie sich doch mal spontan dagegen, jeden Tag Fleisch zu essen, und stattdessen für Fisch. Oder Salat. Nein, Wurstsalat ist KEIN richtiger Salat.

Sie werden feststellen, dass gesunde Ernährung zur Vitalität beiträgt, dass Sie sich fitter und attraktiver fühlen werden. Und gemeinsames Kochen, das hatten wir schon, macht ja eh großen Spaß.

SPORT

Auch das Thema hatten wir schon. Deshalb nur in Kürze: Gemeinsam Sport zu treiben kann viel Spaß machen. Und Sinn: Vor allem, wenn man langsam in Richtung Body-Mass-Index eines Buckelwals taumelt. Sport bringt den Kreislauf in Schwung, hält fit und gesund. Und gibt es etwas Schöneres als den gestählten Körper des eigenen Traumpartners? Eben.

TABAK

Überflüssig zu erwähnen, dass wir erst einmal nur explizit über den Tabak als Genussmittel reden. Nicht etwa über Tabak als Transportstoff für härteres Zeug. Dass das schon mal gar nicht infrage kommt, sollte Ihnen klar sein. Es sei denn natürlich, Sie ziehen es vor, die nächsten 43 Jahre Ihrer Partnerschaft allein zu verbringen. Und selbst wenn's gut gehen sollte – schon blöd, wenn der Partner sich an circa 93 Prozent der gemeinsamen Jahre nicht mehr erinnern kann, oder? Wie dem auch sei: Niemand sollte beim Atmen klingen wie ein heruntergefallener

Gemeinsam gesund bleiben ist top!

Werkzeugkasten. Ja, natürlich, Zigaretten sind einfach extrem schädigend für die Lungen, die Packung in der Tasche beult das Oberhemd obendrein unschön aus, und irgendwie ist es ja auch blöd, sich jahrelang nicht zu sehen, weil der Partner in einer Qualmwolke verschwunden ist. Küssen kommt ebenfalls kaum infrage, wenn man das Gefühl hat, einen Aschenbecher auszulutschen.

Sie sehen also, es bringt nix und ist ungesund: Wie viele Menschen sind schon beim Rauchen vor der Restauranttür in kalten Dezembernächten erfroren … So, für heute ist das wohl genug – haha – Stoff. Gleich morgen geht es weiter. Und zwar mit …

TAG 28: DOKTORSPIELE FÜR FORTGESCHRITTENE

Jawoll! Unsere kleine Reise durch das anatomische Wunderland geht weiter. Zum Einstieg widmen wir uns gleich einer ganz wesentlichen Stelle des menschlichen Körpers … Und zwar dem …

HERZ

Was ja die wenigsten wissen: Das Herz ist eine sehr zentrale Funktionseinheit des Körpers. Ohne das Herz lebt der Mensch in der Regel schwerlich weiter. Daher ist es angebracht, es zu schonen. Zum einen durch, jepp, cholesterinarme Ernährung und, doppeljepp, Sport.

VORSICHT

Und dann sollten Sie noch unbedingt darauf achten, dass ...

> ... Sie Stress vermeiden, um den Blutdruck nicht unnötig hochzutreiben. Wie sich das äußert? Na ja, haben Sie schon mal 'nen magentafarbenen Ballon kurz vorm Platzen gesehen? Im Zweifel gucken Sie einfach mal auf die Präsidialtribüne eines bekannten Münchener Fußballclubs – da können Sie so was sehr gut beobachten.

> ... Sie stets die sogenannte Work-Life-Balance einhalten. Wer also rund 17 Stunden am Tag arbeitet, sollte sich nicht von seinem Partner dazu genötigt fühlen, circa 1,6 Sekunden nach seiner Heimkehr direkt in den Entertainment-Modus umzuschalten. Genauso ist ein übertriebenes „Du musst dich jetzt aber auch noch richtig viel um die Kinder kümmern“ der Gesamtentspannung normalerweise eher abträglich. Vielmehr ist eine kleine Ruhephase ohne Gesprächszwang durchaus mal angebracht.

> ... kein allzu heftiger monetärer Druck durch Nachfragen wie „Warum haben die Nachbarn einen Pool und wir nicht?“ entsteht. Das lässt den Blutdruck ebenfalls kaum sinken. Viel schlimmer noch: Plötzlich sinkt auch, in diesem Falle natürlich bei ihm, der Testosteronspiegel ins körpereigene Subterrain. Das wiederum führt zu einem Sexleben vergleichbar mit dem eines Pandabärs, was wiederum zu Frustration führt, und, und, und.

Sie sehen: Auch hier ist ein klärendes Gespräch über gemeinsame, realistische Ziele und Aufgabenteilung unerlässlich. Dafür können Sie sich dann auch Betablocker und Testosteronspritzen sparen.

LEBER

Keine Sorge, das wird jetzt hier kein Gastro-Ratgeber, wir sind immer noch beim menschlichen Körper. Aber um kurz darauf zurückzukommen: Im Restaurant wird eine Leber in der Regel deshalb gut durchgebraten angeboten, weil durch die Leber eben auch so ziemlich jeder Schrott durchläuft. Da unterscheidet sich die Gänseleber nicht wesentlich von der Ochsenleber oder eben, bingo, unserer.

Da die Leber als Zentralorgan des Stoffwechsels viel zu tun hat, ist sie natürlich sehr dankbar, wenn das, was man ihr so zuführt, nicht ausschließlich aus Mist besteht. Okay, ja, zugegeben, Lakritzlikör schmeckt natürlich toll, und 14 bis 23 Stück davon können ja nicht schaden, aber: doch. Tun sie natürlich. Allein schon deshalb, weil die Leber bei übermäßigem Genuss von Fusel nur noch damit beschäftigt ist, den Alkohol abzubauen, anstatt sich noch um den Rest des „Hausputzes" kümmern zu können. Daher ist es natürlich auch kompletter Blödsinn zu glauben, dass ein Magenbitter nach dem Essen bei der Verdauung hilft.

Grundsätzlich sollte die Alkoholzufuhr stark eingeschränkt werden. Woran man merkt, dass man zu viel trinkt? Zum einen sicherlich an der erdbeerähnlichen Knolle in der Gesichtsmitte. Aber auch an der dotterfarbenen Gesichtshaut. Und natürlich daran, dass die Leber mittlerweile so hart wie die Poller am Rathausplatz ist. Alkohol ist schlecht für Sie. Punkt. Jetzt werden Sie vielleicht sagen: „Ja, aber Moment! Der Alkohol hat uns doch erst zusammengebracht! Wie kann der schlecht sein!" Spätestens, wenn

TRICK

der Alkohol Ihnen Ihren Partner wieder nimmt, werden Sie es so sehen wie wir. Eine Spenderleber ist so selten wie ein gut gelaunter französischer Kellner und daher nicht so einfach zu bekommen. Ohne Leber wiederum geht's auch nicht, insofern: Dieses Risiko werden Sie sicher nicht eingehen wollen. Vergessen Sie nicht: Unbeschadet Alkohol kann man grundsätzlich nur als texanischer Ölbaron in sich hineinkippen – und natürlich als Schlagersänger.

NIERE

Als körpereigene Entgiftungsstation gilt für die Niere eigentlich dasselbe wie für die Leber – nur dass man im Zweifel auf eine verzichten kann. Was aber jetzt nicht unbedingt bedeutet, dass Sie eine verkaufen sollen, um den lang geplanten Jahresurlaub zu finanzieren. Deshalb: Maßvoller Umgang mit Genussmitteln, Giften und Medikamenten aller Art ist durchaus sinnvoll.

SKELETT

Das Skelett hat vor allem eine Funktion: Richtig, kleine Mädchen in der Geisterbahn zu erschrecken. Darüber hinaus allerdings hat das Skelett die Aufgabe, das Stützkorsett für den Körper zu bilden. Ohne Skelett würden wir nämlich zusammenfallen wie ein Sack Plempe, und das sähe unterm Strich auch nicht allzu gut aus. Unser inneres Gerüst hält uns zusammen und lässt uns die dollsten Dinge tun. Daher sollten wir auf unsere Knochen gut achtgeben, sie stets mit Kalzium versorgen und vielleicht auf die ein oder andere waghalsige Aktion verzichten. Insofern ist die Bitte, den Alkoholkonsum einzudämmen nicht nur gut für die Leber, sondern auch für:

Vorsicht beim Alkoholkonsum

- *das Schultergelenk*
- *die Bandscheibe*
- *die Kniescheibe*
- *Schien- und Wadenbein*
- *circa 1.287 andere potenzielle Bruchstellen.*

Wer einmal angeschickert versucht hat, aus dem vierten Stock vom Balkon in den Hotelpool zu springen, der weiß, worauf wir hier hinauswollen. Das Skelett macht die Arbeit allerdings nicht alleine, denn da ist ja schließlich auch noch die …

MUSKULATUR

Die Muskulatur entlastet das Skelett nicht nur – sie sagt ihm sogar buchstäblich, wo es langgeht. Alleine rennt so 'n Knochenmobile ja auch nicht los. Es ist durchaus angebracht, die Muskulatur zu stärken, da gerade im Rumpfbereich die Bandscheiben zur Anfälligkeit neigen. Um eben die daran zu hindern, wie ein Eishockey-Puck hinten aus der Wirbelsäule zu knallen, sind eine stramme Bauch- und untere Rückenmuskeln eine echte Hilfe. Allerdings sollten Sie nicht nach dem „Viel hilft viel"-Prinzip verfahren und sich plötzlich wie verrückt Eiweiß und Anabolika hineinfahren. Sei es deshalb, weil so ziemlich alle oben aufgeführten Organe kaputt gehen. Oder einfach, weil Sie Steroidosaurus einen Schatten werfen, dass man die Person an Ihrer Seite nicht mehr sehen kann.

ZÄHNE

Sind streng genommen auch nicht ganz unwichtig. Zum einen als Kauwerkzeuge, zum anderen aber auch, weil sie den Partner doch etwas attraktiver machen. Was nicht bedeutet, dass Sie als eifersüchtige Präventivmaßnahme zur Kneifzange greifen sollten. Es sei denn natürlich, Sie wollen eine Zweitkarriere in Krawall-Talkshows oder Fake-Dokus starten.

TIPP & TOP

Zähne wollen gepflegt werden. Ruhig dreimal am Tag mit Zahnpasta und, für die ganz Verrückten, mit Zahnseide. Je nachdem, wie viele Zähne bereits fehlen, kann man natürlich auch zu grobem Tau greifen. Ein gepflegter Mundraum ist nicht nur schön, sondern gestaltet das gemeinsame Miteinander auch deutlich entspannter. Niemand möchte jemanden küssen, der riecht, als habe er gerade eine Biotonne leer gefuttert.

LASSEN SIE MICH, ARZT – ICH BIN DURCH!

Im Laufe eines Beziehungslebens, oder auch jetzt schon in der Spätphase ihrer Traumpaarwerdung, werden Sie feststellen, dass gerade der maskuline Teil Ihres Teams recht ungern zum Arzt geht. Das ist insofern ganz lustig, weil der Mann im Umkehrschluss jeden blauen Fleck zum Vorboten einer spontanen Pesterkrankung oder zumindest zum Amputationsgrund hochjazzt. Trotzdem ist er vor dem Arztbesuch in etwa so fies wie vor dem Abwasch. Dabei sollten sowohl er als auch sie sich zu regelmäßigen Arztbesuchen animieren – und sei es nur deshalb, um im Wartezimmer die neuesten Klatschmagazine zu lesen und kostenlos sämtliche Akkus der persönlichen elektronischen Geräte aufzuladen.

Es gibt einfach Dinge, die kann nur ein Fachmann erledigen. Soll heißen: Wer mit dem Finger die eigene Prostata erst einmal abgetastet hat, muss nicht automatisch wieder den Weg zurück finden. Nicht selten kommt es da zu Quetschungen oder gar Brüchen.

Lektion 9

Speziell im letzten Drittel des Daseins als Traumpaar neigt man zu Anfälligkeit jedweder Art. Da wäre es grob fahrlässig, die regelmäßigen Inspektionen komplett zu schwänzen. Selbstverständlich dürfen Sie erst einmal laienhafte Erstinspizierungen vornehmen, wie zum Beispiel das Hautbild auf Anomalien abscannen. Spätestens aber, wenn Sie versuchen, ihr auf dem Wohnzimmertisch die Niere der Nachbarskatze zu implantieren, wird es Zeit, sich in die Hände eines Fachmanns zu begeben.

Wenn Sie die letzten Seiten aufmerksam gelesen haben, werden Sie ein paar Grundkenntnisse der Medizin dazugewonnen und möglicherweise verstanden haben, wie wichtig es ist, den Körper in Schuss zu halten. Zumindest noch so lange, wie dieses Buch dauert. Is ja nicht mehr viel …

GEMEINSAM ALTERN

AB TAG 29

TAG 29: ICH LIEB DICH, ALTER!

Das Schöne am Altern ist der Umstand, dass man sich in der Regel nicht weiter darum kümmern muss, sondern es einfach passiert. Das kann man gut finden, muss man aber nicht. Mit anzusehen, wie man plötzlich Falten wirft wie ein Labradorwelpe, ist ja per se nix, woran man großartig Spaß hat. Wenn man aber die richtigen Akzente setzt, dann kann es durchaus etwas Tröstliches, Spannendes, ja sogar Unterhaltsames haben, gemeinsam auf dieser Reise zu sein – besser als den Weg alleine Richtung „Gerontenhausen“ zu gehen ist es allemal.

Jetzt stehen Sie noch in der vollen Blüte Ihrer Jugend (zumindest hat unsere Marktanalyse das ergeben), aber, um im Bild zu bleiben, das Dasein als Trockenblume kann Ihnen schneller blühen, als Ihnen lieb ist. Da heißt es: Wachsam und gut vorbereitet sein. Auf dem Weg zum gemeinsamen Altersglück gibt es so manche Falle zu überwinden und manchen Trampelpfad zu pflastern. Ganz weit vorne ist natürlich das Hadern in der ganz persönlichen Halbzeitpause. Oder, weil das auch schon an Tag 29 passieren kann, bereits heute.

MOTORRAD UND NEUE FRISE – DU BIST IN DER MIDLIFE-KRISE

Die Midlife-Crisis – man könnte fast glauben, dass es sich hierbei um die Erfindung diverser Frauenzeitschriften handelt. Tatsächlich aber gibt es dieses mitunter bittere Zwischenfazit tatsächlich. Eigentlich aber ist die Midlife-Crisis schon völlig überholt, da sie ihr Alleinstellungsmerkmal verloren hat. Früher hat der Betroffene irgendwann Anfang 40 darüber nachgedacht, ob das schon alles war. Dann ist ihm bewusst geworden: ja. Weil viel mehr auch gar nicht mehr gegangen wäre. Hat er (oder sie) sich dann wieder eingekriegt, ist er (oder eben sie) auch schon kurz danach friedlich gestorben. Man wurde ja nicht so alt.

In einer Welt wie der unseren, voll von Möglichkeiten, Zielen und Träumen, ist die einmalige Krise in der Mitte des Lebens abgelöst worden von Third- und Quarterlife-Krisen, die den User im Dekadentakt einholen. Insofern ist die Belastung ungleich höher geworden. Abgesehen davon, müsste die Midlife-Crisis aufgrund der höheren Lebenserwartung heutzutage Leute so um die Mitte 50 treffen – aber so lange will ja keiner warten. Wichtig ist, dass beide Partner in dieser schwierigen Zeit nicht komplett den Kopf verlieren und trotz des Hormon-Tornados, der über sie hinwegfegt, nicht zulassen, dass alles in Schutt und Asche gelegt wird. Schwer genug, klar, aber mit ein wenig Resthirn seitens des Betroffenen und viel Verständnis des Partners machbar.

Gemeinsam aus der Midlife-Crisis

Das Schöne daran: Hat man den Schwall temporärer Unzufriedenheit erst einmal hinter sich, ist die Partnerschaft danach umso glücklicher. Bis dahin muss man sich allerdings herumschlagen mit neuen Kraftfahrzeugen, mehr oder minder vorteilhaften Frisuren, modisch gewagten Outfits und seltsamen neuen Bekannten beziehungsweise Bekanntinnen.
Um, egal, ob als Beisitzer oder als Betroffener, die Midlife-Crisis zu überstehen, muss man zuerst einmal die Anzeichen deuten können. Am besten natürlich die Anzeichen bei sich selber. Denn wen die Krise erst einmal gepackt hat, der macht sich plötzlich Gedanken um Dinge, die ihm früher herzlich egal oder

zumindest selbstverständlich gewesen waren. Wenn Ihr Partner sich früher nie Gedanken um irgendwas gemacht hat, könnten Sie's ja sogar irgendwie positiv sehen. Wie auch immer, hier ist jedenfalls eine kleine Liste der quälendsten Gedanken: Trifft etwas zu, einfach ein Häkchen setzen …

Partnercheck	☑
Soll das schon alles gewesen sein?	☐
Was kommt jetzt noch?	☐
Ich ersticke in Routine und Zwängen. Ich will frei sein.	☐
Ich will leben, ich will Abenteuer.	☐
Ich hätte mein Leben anders leben sollen.	☐
Ich habe alles erreicht, was soll jetzt noch Großes kommen?	☐
Wer bin ich eigentlich?	☐
Es ist alles so öde.	☐
Meine besten Jahre sind vorbei.	☐
Wie viele Jahre bleiben mir noch?	☐
Habe ich das Leben und seine Möglichkeiten voll ausgekostet?	☐
Mit mir geht es nur noch bergab.	☐
In meiner Partnerschaft ist das Prickeln lange vorbei.	☐
Wie schön könnte es sein, wenn …	☐

Und? War was dabei? Ist Ihr Beziehungsgegenüber auch davon betroffen? Sind Sie gar selbst in dieser Gedankenspirale gefangen? Machen Sie sich keine Sorgen, das lässt sich alles irgendwie deichseln – selbst wenn Sie bei allen Fragen ein Häkchen machen mussten. Jetzt nur nicht die Nerven verlieren. Oder wenn schon die Nerven, dann wenigstens nicht den Partner!

ERKENNEN SIE IHREN PARTNER!

An dieser Stelle gehen wir einfach mal generös davon aus, dass Ihr derzeit etwas verwirrter Partner gar nicht in der Lage ist, seine verfahrene Situation zu erkennen. Daher nehmen wir ihn/sie jetzt mal aus der Pflicht und erklären ihn/sie kurzerhand für unmündig! Sollten Sie vielleicht gerade zufällig mit einem deutschen Rekordnationalspieler zusammen sein, ist dieser gut gemeinte Rat natürlich hinfällig. Ähnlich wie bei einer Schwangeren, die schutzlos ihrem eigenen Hormonhagel ausgesetzt ist, wird auch Ihr Partner gar nicht groß mitbekommen, was da gerade im eigenen Schädel vorgeht und was für seltsame Verhaltensweisen zutage treten. Deshalb: Packen Sie mit an! Zeigen Sie Langmut! Begehen Sie Ihr ganz persönliches soziales Jahr. Wer weiß, womöglich sind schon bald Sie selbst der nächste Pflegefall, und dann wären Sie froh, jemand Verständnisvolles wie sich selbst an der Seite zu wissen.

Als Traumpaar gemeinsam alt werden

Ach, wo wir gerade beim Verstehen sind – wichtig ist auf jeden Fall, die Zeichen zu erkennen und zu lesen. Es gibt nämlich ein paar vorherrschende Emotionen, da unten im tiefen Tal „St. Midlife". Als da wären:

- *Gereiztheit*
- *Unzufriedenheit*
- *Wut*
- *Trauer*
- *Angst vor der Zukunft*
- *innere Leere*

Möglicherweise trifft auch alles von dem oben aufgeführten gleichzeitig zu. So weit, so schlecht. Diese Emotionen gehen aber natürlich einher mit bestimmten Verhaltensweisen. Verhaltensweisen, die einem mitunter vorkommen, als hätte man es mit einer komplett anderen Person zu tun. Und in gewisser Hinsicht stimmt das ja auch. Schließlich hat das Gegenüber sein bisheriges Ich ziemlich satt – oder stellt dieses zumindest schonungslos auf den Prüfstand. Da das Ergebnis dann eher selten behagt, steht meist noch einiges an „Tuning“ oder gar Recycling aus. Cool bleiben, Ruhe bewahren, aussitzen. Diese, ja, man muss es so sagen, bekloppten Verhaltensweisen in den Griff zu bekommen, das ist der große Dienst am Partner. Oder auch an Ihnen selbst, wenn Sie denn ein Paar bleiben wollen.

REGELN

Typische Verhaltensweisen eines Midlife-Crisis-geschädigten Partners:

- Rebellion gegen Zwänge und jedwede Form der Einengung
- Kündigung der Arbeitsstelle
- Trennungswunsch … also, von Ihnen
- spontane Abenteuerlust
- komplette Wesensveränderung und spontanes Überstreifen eines neuen Ichs
- neue Interessen, Hobbys und Freunde
- stark veränderter Kleidungsstil, einhergehend mit dem neuesten Sportwagen
- partielle Geisteskrankheit, gepaart mit übersteigert-infantilem Heldenmut

Und? Kommt Ihnen irgendwas davon bekannt vor – oder trifft das so gar nicht auf Sie und Ihren Partner zu? Was ja schön wäre. Dennoch bereit für einen kleinen Test? Na klar, oder?! Dann los! Und wie immer das Kreuzchen an der richtigen Stelle machen …

DER TEST

Wie tief hängt mein Partner (Mann/Frau) drin?

1. Bei der Aufforderung, die Zahnpastatube zuzumachen, schreit er, dass er sich nicht länger von dem Schweinesystem unterdrücken lässt./Sie meint, das gemeinsame Kind müsse jetzt langsam sein eigenes Leben führen – ich allerdings halte acht Jahre für zu früh dafür. ☐

2. Er hat seinen gut gehenden Job gekündigt und will jetzt einen Surfshop in Cottbus aufmachen./Ob sie mit Seidenmalerei genauso viel verdient wie mit ihrem Job in der Vorstandsetage – ich glaub's ja weniger. ☐

3. Also, laut Beziehungsstatus im Internet ist er jetzt mit einer iranischen Sängerin zusammen./… was sehr praktisch ist, weil sie jetzt „in einer offenen Beziehung" lebt. ☐

4. Er hängt jetzt viel mit den Jungs vom Olfener Motorradclub herum./Sie engagiert sich jetzt sehr stark bei den Mädels vom Internetausschuss der lokalen CDU. ☐

5. Mal gucken, ob er die Rafting-Tour auf Frankreichs Flüssen jetzt auch noch überlebt – die Freeclimbing-Nummer letztes Wochenende war ja schon knapp genug./Ist ihr da nicht gerade 'ne Streichholzschachtel vom Swingerclub in der Nachbarstadt aus der Tasche gefallen?! ☐

6. Ist sein Hemd aufgesprüht? Und das türkisfarbene Teil an ihm ist wohl unser ehemaliger Bausparvertrag./In den Teilen kann sie locker aus der Dachrinne trinken. Wobei Giraffen ja eigentlich kein Tigermuster haben, aber okay, was soll's. ☐

AUFLÖSUNG

Wenn Sie feststellen müssen, dass Sie bei mehr als vier Fragen mit einem befreienden Aufschrei „Ja, genau so iss es" reagiert und sofort ein Kreuzchen gesetzt haben, dann gehören Sie ganz sicher zu den Kandidaten, die in ihrem Beziehungsleben gerade eine ziemlich harte Zeit durchmachen. Sofern von dieser Beziehung noch etwas übrig ist. Der Schlüssel zum Durchstehen dieser Krise liegt, wie so oft, im Verständnis für den Partner. Jaja, das ist viel verlangt. Vor allem dann, wenn er gerade in einer Ganzkörper-Spandexpelle von der Triathlon-Vorbereitung kommt, um sich daraufhin auf seine Rennmaschine zu schwingen, weil er abends noch bei einer russischen Bekannten Vokabeln abhören will. Da braucht man Geduld. Auch, wenn sie gerade vom Spanischkurs kommt, um sich in Kürze in Brasilien eine neue Existenz als Schmuckdesignerin aufzubauen. „Bon chance" sagt der Italiener da.

Menschen in der Midlife-Crisis sind, wie der Name bereits erahnen lässt, einfach unzufrieden damit, wie sich das Leben entwickelt hat, und ersehnen sich die Chance, noch einmal ein besseres Ich entwerfen zu können. Ohne die Zwänge und Routinen des Alltags, ohne die Verantwortung für Haus und Familie, ohne den immer gleichen Partner. Viele sind auf der Suche nach einer neuen Liebe oder viel besser: Nach dem Gefühl, wieder frisch verliebt zu sein. Das gilt übrigens für beide Geschlechter. Männer allerdings tendieren häufiger zu einem Typ Frau, den sie fast noch von der Schule abholen müssen. Der Grund dafür ist so schlicht wie die neuen Partnerinnen zumeist selbst: Er freut sich, offensichtlich noch so viel Jugendlichkeit im Körper zu haben, um diesen jungen Feger „klargemacht“ haben zu können. Obendrein genießt er die Aufmerksamkeit und die bewundernden Blicke – die der anderen Männer und natürlich die der neuen Partnerin, die sich von seinem gehobenen Dienst, dem neuen Sportwagen und der Mitgliedschaft im lokalen Golfclub tatsächlich noch beeindrucken lässt.

Frauen wiederum ist das Alter des Partners weit weniger wichtig, sie sehnen sich nach einer wilden Romanze, irgendwo zwischen ZDF-Sonntagabendschnulze und Arztroman. Was streng genommen natürlich das Gleiche ist. Hier will frau wieder Frau sein, fernab jeglicher Funktionszwänge, die der Alltag nun mal mit sich bringt.

An dieser Stelle heißt es: Schlau sein und taktieren! Geben Sie dem neuen Leben Ihres Partners auf alle Fälle die einmalige Chance, ihn/sie genauso anzuöden wie das alte. Denn eines ist sicher: Abnutzungserscheinungen wird es auch hier geben. Und wenn der erste Hormonschub einmal weg ist, wird er sich in der Großraumdisco mit ihren 19-jährigen Freundinnen genauso langweilen, wie seine Frau das stupide Geseier des spanischen Tennislehrers plötzlich hassen wird – wenn sie ihn denn überhaupt versteht.

TRICK

HILFE

Beantworten Sie sich ein paar Fragen, um klarer zu sehen:

> Ziehen Sie Bilanz: Welche Lebensziele haben oder hatten Sie? Welche davon haben Sie erreicht, welche nicht? Was ist Ihnen wirklich wichtig? Ist das alles wirklich nötig?

> Hören Sie in sich hinein: Wie fühlen Sie sich im Augenblick? Was fehlt Ihnen, um wieder mehr Zufriedenheit oder Glück zu verspüren?

> Erstellen Sie eine Liste: Wie können Sie genau diese Zufriedenheit erreichen? Es gibt sicher für Sie Möglichkeiten, Ihr Leben so umzugestalten, dass Sie mehr Befriedigung verspüren.

> Vertrauen Sie sich einem guten Freund an oder einem Psychotherapeuten, wenn Sie den Eindruck haben, sich im Kreis zu drehen oder alles hinwerfen wollen. Akzeptieren Sie, dass Sie sich in einer Krise befinden.

> Brechen Sie aus der Routine aus. Können Sie am Arbeitsplatz neue Aufgaben übernehmen, sich spezialisieren oder ehrenamtlich engagieren? Gibt es ein Hobby, das Sie schon immer gereizt hat?

Das Beruhigende an dieser unleidlichen Phase ist ja: Irgendwann geht sie auch wieder vorbei. In der Regel so mit 60. Also, noch genügend Zeit, um das Leben danach wieder richtig genießen zu können. Und zwar in der gleichen Intensität wie mit 20 oder 30. Was natürlich nicht heißen soll, dass es (oder Sie selbst) danach nur rosig aussieht (aussehen). Schließlich bedeutet dieses Alter auch einen weiteren Höhepunkt einer dermatologischen Entwicklung, die man kaum wird aufhalten können, zumindest, wenn man nicht aussehen will, als wäre man gerade aus irgendeinem Panoptikum gehüpft.

So. War doch alles gar nicht so schwer, oder? Ab hier müssen, aber können wir Sie auch beruhigt als Traumpaar in eine glückliche Zukunft entlassen. Nehmen Sie die nächsten Seiten als gut gemeinten Leitfaden und als Schrift gewordene Altersvorsorge. Viel Spaß im kommenden Herbst des Traumpaardaseins …

TAG 30 UND FOLGENDE: DEM ALTER IN DIE FALTE GETAPPT

Tausende besuchen teure Origami-Kurse, Servietten werden vor dem Galadinner kunstvoll ineinandergesteckt, Paradekissen werden via Handkante in Form und Falte geschlagen, Fächer geknickt, bis sie ihre typische Form erhalten, die Klinge eines Schwertes wird gar tausendfach gefaltet, um die größtmögliche Qualität zu erhalten – eigentlich erstaunlich also, dass Falten in unserer Welt einen derart schlechten Ruf haben. Kaum ein knittriges Gesicht, das in diversen Hochglanzmagazinen nicht negativ beäugt, dessen Besitzer nicht als Runzelvisage par excellence diffamiert wird. Keine Frage, das Gros der Gesellschaft jagt dem Traum von der ewigen Jugendlichkeit und Frische geradezu panisch nach. Überflüssig zu erwähnen, dass auch wir uns von diesem Ideal beeinflussen lassen. Dabei ist das Altern doch der ganz normale Lauf der Dinge.

Wäre es nicht viel schöner, gemeinsam altern zu können und jede Falte zu feiern, wie sie fällt? Sollten wir die Falten, die sich als feine Linien (oder im Zweifel auch als Ackerfurchen) in unser Gesicht graben, nicht zelebrieren – als Zeugen unseres bewegten, lebendigen Daseins? Schon, oder? Kein Fotoalbum kann so ausdrucksstark von den Festen, den Exzessen, den Lachanfällen, den Tagen und Wochen in sonnigen Gefilden erzählen wie die runzligen Zeugen in Ihrem Gesicht. Gut, wenn Sie die letzten Jahre ausschließlich mit einem Prosecco an der Bar Ihres Stamm-Sonnenstudios verbracht haben, mögen Sie das vielleicht anders sehen. Wobei, Spaß hatten Sie dort ja sicher auch, oder? Umso bedauerlicher ist es natürlich, dass immer mehr Menschen versuchen, den „Tacho zurückzuschrauben", indem sie sich Spritzen in den Kopf jagen (manche offenbar zu tief) oder ihre Lippen aufblasen, bis man sie theoretisch an die Bordwand eines Kreuzfahrtschiffs hängen könnte. Oder sie schieben sich Plastik unter, als ginge es darum, subkutan Tupperware zu schmuggeln. Ein Elend, das zumeist darin endet, als Jahrmarktattraktion sein Dasein fristen zu müssen – oder schlimmer noch: im australischen Dschungel als Silikonfreak vor einem Millionenpublikum in Kakerlaken zu baden.

Als Jahrmarktattraktion sollen Sie nicht enden

Schlauer ist es, das Rattenrennen um möglichst viel Jugendlichkeit erst gar nicht mitzumachen, sondern sich möglichst geschickt auf das Altern einzustellen. Natürlich hat niemand behauptet, dass der Verlust von Stärke, Vitalität oder Kraft nur Spaß macht. Aber gerade als Pärchen kann man auch im hohen Alter eine verdammt gute Zeit haben. Mal ganz davon abgesehen, dass die Alten von heute wesentlich länger fit sind als früher, muss man es schaffen, dem Alter und den damit verbundenen Begleiterscheinungen etwas Positives abzugewinnen. Was absolut möglich ist. Und wenn es nur das ist, dass man im Supermarkt klauen und sich im Falle des Erwischtwerdens mit Demenz herausreden kann.

ERST HEFTIG GEFLITTERT – DANN GLÜCKLICH GEKNITTERT

Think positive!

Man ist so alt, wie man sich fühlt. Das zu sagen ist natürlich billig und abgedroschen – aber auch wahr. Wenn Sie sich selber schon als den kommenden dementen Vorzeigezausel sehen, haben Sie gute Chancen, genau dieser auch zu werden. Suchen Sie sich positive Beispiele und streben Sie eben diese Vitalität und geistige Frische an. Eine positive Einstellung zum Alter, das belegen viele Studien, hält uns länger fit und leistungsfähig.

Vorteil: Opa!

Mein Gott, was haben Sie sich früher aufgeregt über Kleinigkeiten, sind die Wände hochgegangen, bis der Putz rieselte. Himmel, was sind Sie früher Statussymbolen hinterhergehechtet. Und jetzt? Mit der Milde und Gelassenheit des Alters blicken Sie auf all jene, die diesen hektischen Schwachsinn noch mitmachen. Und? Ist das nicht unheimlich entspannend? Haben Sie es noch nötig, es allen und jedem recht zu machen? Nee, oder? Ist das nicht toll, auch mal wieder auf die eigenen Belange Rücksicht zu nehmen? Freuen Sie sich: Sie sind jetzt Ihre ganz eigene Wohlfühloase.

Bleiben Sie flexibel

Klar, jeden Schrott müssen Sie natürlich nicht mehr mitmachen. Aber es ist ja schon großartig, die Zeit und das Geld zu haben, Neues ausprobieren zu können. Neue Interessen, neue Kontakte oder auch die neuesten Urlaubsziele und Spielereien warten nur darauf, Ihre Bekanntschaft zu machen.

Train your brain!

Okay, zugegeben. Diverse Muskeln lassen sich nicht mehr so aufpumpen wie vielleicht noch mit 30. Das gilt allerdings nicht für das Gehirn. Das lässt sich sehr wohl trainieren und wartet nur auf Input! Fordern Sie sich! Lesen Sie! Lösen Sie Sudokus oder Kreuzworträtsel. Unterhalten und diskutieren Sie mit spannenden Menschen, kurz: Heben Sie intellektuell die Welt aus den Angeln! Vorteil: Beim Gehirnjogging hat sich noch keiner den Knöchel gebrochen.

... und den Körper nicht vergessen

Geben Sie jetzt bloß nicht auf! Klar, okay, dass der Körper verfällt wie eine kubanische Großstadt, lässt sich grundsätzlich nicht ganz leugnen. Allerdings gibt es ganz erhebliche Möglichkeiten, dem entgegenzuwirken. Schon wenige Stunden Ausdauertraining pro Woche lassen selbst 70-jährige Menschen kreislauftechnisch um bis zu 30 Jahre jünger werden. Spornen Sie sich an: Wäre es nicht unheimlich witzig, als 70-jähriger Knochen einem 40-Jährigen am Kanal davonzulaufen? Es reichen tatsächlich schon wenige Wochen Training, um auf ein gutes sportliches Niveau zu kommen.

Bleiben Sie ein Aktivposten

Zu häufig ist es zu beobachten, dass Menschen, die aus dem Berufsleben ausscheiden, in sich zusammenfallen und ungewöhnlich schnell altern. Der Verlust der persönlichen Aufgabe und des Gebrauchtwerdens können tatsächlich geradezu tödlich sein. Bleiben Sie am Ball! Engagieren Sie sich, spielen Sie eine Rolle im Leben der anderen: ein Ehrenamt, das Engagement in der Familie, die Umsetzung einer cleveren Geschäftsidee … Den Möglichkeiten sind keine Grenzen gesetzt!

Bleiben Sie neugierig!

Früher war alles besser? Anders vielleicht. Aber die Zeit lässt sich ohnehin nicht zurückdrehen. Seien Sie Chronist dieser spannenden Zeit, scheuen Sie sich nicht, Fragen zu stellen und neue Dinge auszuprobieren. Sie werden feststellen, dass Ihre Umwelt gerade das an Ihnen bewundern wird.

Lachen ist gesund!

Das ist tatsächlich nicht nur ein dummer Spruch, sondern eine ernst gemeinte Anordnung! Was aber bei Ihnen als Traumpaar ohnehin nicht allzu schwer umzusetzen sein dürfte, oder? Zur Not nehmen Sie dem Nachbarjungen den Ball weg und erfreuen sich an seinem dummen Gesicht.

Pflegen Sie Ihr soziales Netzwerk

Womit jetzt ausdrücklich nicht das „Anstupsen" virtueller Freunde gemeint ist, sondern das intensive Leben! Das Leben ist zu schön, um es mit Alleinsein zu verplempern. Jetzt zahlt es sich aus, dass Sie Kinder haben. Kinder, mit denen Sie sich immer gut verstanden haben. Kinder, die aufgrund Ihrer Erziehung selber Spaß an Kindern haben. Es gibt doch nichts Tolleres als einen großen Freundes- und Familienkreis. Jeder, der in seinem Haus oder seiner Siedlung mal einen verbitterten Flurwochen-Obmann wohnen hatte, weiß, was hier gemeint ist.
Okay, komm … um dieses Thema können wir uns wohl nicht ganz herummogeln. Also … was soll's?

Sex im Alter

Gerade jüngere Menschen würden sich lieber vorstellen, dass sie später in unterirdischen Konservenfabriken versklavt werden, als dass ältere Menschen, respektive die eigenen Eltern, Sex haben. Dabei ist das ja nun wirklich nix Besonderes. Alles eine Frage der Relation. Oder glauben Sie, dass sich Teenager den Sex von 30-Jährigen besonders appetitlich vorstellen? Um auch im höheren Alter eine erfüllte Sexualität zu haben, ist es wichtig, für alles offen zu bleiben und auch gerne Neues auszuprobieren. Und sei es ein Besuch im Swingerclub (im schlimmsten Falle ist dieser Abend für einen gemeinsamen Lacher gut). Akzeptieren Sie die kleineren oder größeren körperlichen Gebrechen und stellen Sie sich darauf ein. Und, ja, natürlich ist auch Viagra kein Tabu, wenn es denn sein muss. Für die Sexualität im Alter, die übrigens gemeinhin als die schönste gilt, beherzigen Sie das, was Sie zu jeder Zeit als Traumpaar beherzigen sollten:

Sex ist keine Frage des Alters

Sehen Sie Ihren Partner immer so knackig und frisch, wie Sie ihn kennen- und lieben gelernt haben. Seien Sie die Schnappschusskamera Ihres gemeinsamen Daseins!